海丝元素，创意表达

——幼儿园美术主题活动案例集

陈白鹭 ◎ 主编

海峡出版发行集团 | 福建教育出版社

图书在版编目（CIP）数据

海丝元素，创意表达：幼儿园美术主题活动案例集/陈白鹭主编. —福州：福建教育出版社，2021.12
ISBN 978-7-5334-9143-7

Ⅰ.①海… Ⅱ.①陈… Ⅲ.①美术课—教案（教育）—学前教育 Ⅳ.①G613.6

中国版本图书馆 CIP 数据核字（2021）第 168707 号

Hai-Si Yuansu，Chuangyi Biaoda——You'eryuan Meishu Zhuti Huodong Anliji

海丝元素，创意表达——幼儿园美术主题活动案例集

陈白鹭 主编

出版发行	福建教育出版社
	（福州市梦山路 27 号 邮编：350025 网址：www.fep.com.cn
	编辑部电话：0591-83781433 83786912
	发行部电话：0591-83721876 87115073 010-62027445）
出 版 人	江金辉
印 刷	福州凯达印务有限公司
	（福州市仓山区建新镇红江路 2 号浦上工业区 B 区 47 号楼）
开 本	710 毫米×1000 毫米 1/16
印 张	14
字 数	228 千字
插 页	2
版 次	2021 年 12 月第 1 版 2021 年 12 月第 1 次印刷
书 号	ISBN 978-7-5334-9143-7
定 价	48.00 元

如发现本书印装质量问题，请向本社出版科（电话：0591-83726019）调换。

编委会名单

主　编　陈白鹭

编　委　何秋红　许心心　吴双玲　陈玿瓅

　　　　李晖雯　尤希凡　尤斐尔　吴舒若

　　　　蔡晓华　周萍萍　姚若云　洪海婴

　　　　黄婉真　庄锦兰　苏晶珩　林凤珠

　　　　庄怡颖　黄　静　王鸿莲　杜珊珊

　　　　许婉婷

序一

边 霞

晋江市第三实验幼儿园依托泉州作为海上丝绸之路起点的地理优势,扎根闽南海丝文化,结合课题研究,将海丝元素运用于幼儿园美术活动之中。园所依托课题研究,以《3～6岁儿童学习与发展指南》中艺术领域的两条主线"感受与欣赏""表现与创造"为支撑,以富有闽南特色的传统戏剧、舞蹈、乐器、服饰、剪纸、建筑、古船、石刻等为课程资源,汲取其中的艺术精华,引导幼儿通过欣赏、绘画、手工等方式进行多元化的大胆表达,开发了"闽南元素创意表达""与大师对话""异想天开"等一系列园本特色美术课程。《海丝元素,创意表达——幼儿园美术主题活动案例集》一书将园所近10年来的研究成果凝聚在4篇论文和22个美术主题活动中。

阅读这些案例及教师的感悟后不难发现,晋江市第三实验幼儿园美术教育活动以多元的形式,立足本土文化,甄选适宜幼儿身心特点的教学内容;基于儿童经验,提取便于他们创意表达的核心要素;挖掘地域资源,选取助推幼儿创意表达的活动材料;发挥教师作用,提供利于幼儿多元表达的支持策略;基于儿童视角,创设富有本土特色的幼儿园环境。可以说晋江市第三实验幼儿园真正做到了"在大自然和社会文化生活中萌发幼儿对美的感受和体验，丰富其想象力和创造力，引导幼儿学会用心灵去感受和发现美，用自己的方式去表现和创造美"。

我们很高兴地看到了民间艺术之花在晋江市第三实验幼儿园孕育、萌芽、绽放的过程，在这个过程中最受益的莫过于孩子们了。他们从本土文化中感受与体悟艺术之美，在教师的引领与启发下，大胆地运用自己的方式进行表达与创造。本地民间艺术的精华在孩子们的身上得以传承，并以一种儿童化的艺术形式得以展现！

希望并相信读者们也能从这本书中体验到儿童艺术的独特魅力，发现闽南文化，品味海丝元素，从中获得诸多启示。

（作者系南京师范大学教授、博士生导师）

序二

吴明洪

习近平总书记高度重视弘扬中华优秀传统文化,强调要深入挖掘和阐发中华优秀传统文化的时代价值,使中华优秀传统文化成为涵养社会主义核心价值观的重要源泉,"抛弃传统、丢掉根本,就等于割断了自己的精神命脉"。陈白鹭园长主编的《海丝元素,创意表达——幼儿园美术主题活动案例集》一书就具有清晰的文化视角、广泛的实践基础和一定的学术价值。

该书具有鲜明的地域文化特征。泉州是中国古代海上丝绸之路的起点,从古至今沿海上丝绸之路而至的舶来文化在这里传播,与本土文化融合发展,逐渐使闽南地区在建筑、习俗、语言、宗教、艺术等方面形成了具有中外融合特点的"海丝文化"。晋江市第三实验幼儿园充分利用特有的地域优势,开展"海丝文化背景下幼儿园美术创意表达的实践探究"的课题研究,从美术内容选材、教师指导策略、美术材料提供、幼儿作品表现形式等方面把握海丝文化核心,探索海丝文化内涵,创新海丝文化表现形式,构建海丝文化美术课程,体现了鲜明的地域文化特征。

该书拥有丰富的实践探索基础。陈白鹭园长对海丝文化背景下幼儿园美术创意表达的探索与实践历经10年，以"基于闽南文化资源的园本美术教育实践研究"等4个省级课题为依托，形成了以海丝文化为背景，以幼儿创意表达为基础，以幼儿园环境创设为支撑的教学成果。多年来，陈白鹭园长带领全园教师建构了具有园本特色的海丝文化主题美术课程资源库，为幼儿的创意表达提供了充分的内容支持；提炼了支持幼儿创意表达的有效策略，为教师的美术教学指导提供了有效的策略支持。

《幼儿园教育指导纲要》强调，要引导幼儿接触周围环境和生活中美好的人、事、物，丰富他们的感性经验和审美情趣，激发他们表现美、创造美的情趣。《海丝元素，创意表达——幼儿园美术主题活动案例集》一书提炼了实用的美育活动经验，虽然汇集的是晋江市第三实验幼儿园教师探索幼儿创意表达课程设计的精彩案例，但这些案例具有普适性、示范性和引领性。案例中，教师结合幼儿年龄特点，通过内容筛选、材料提供、策略引导，促使幼儿在了解海丝文化后创造性地表达、交流自己的文化理解。这些支持幼儿理解、表达、交流的有效策略都可以推广应用到其他的幼儿园教学和研究活动中。

概言之，该书根植于具有鲜明地域特色的海丝文化，立足园本特色课程建设，对提升教师美术教育教学理念和指导策略有着积极的作用，同时也提供了关于园本美术课程建构的优秀经验。

（作者系福建省教育科学规划领导小组办公室主任、福建省教育科学研究所所长）

序三

康耀仁

今年春季返闽,我应邀考察晋江市第三实验幼儿园,惊喜地发现该园的幼儿画作,不但品种多样,而且绚烂多彩,竟不由自主地拍照。拍照存档,是我多年来保持的观展习惯,但对作品有所要求,要么与研究板块相关,要么生动有趣味,甚或心动,再就是风貌奇特或陌生,值得研究。印象中我有三次拍摄孩童画作的经历,第一次是32年前在中国美术馆观看全国少儿画作展;第二次是6年前在台北中山纪念馆观看展出的台湾少儿画作;晋江所见算是第三次,但从作者年龄来看,这次最小,大约为3~6岁,但震撼力丝毫不亚于前两次。

能让我惊喜并拍照的少儿画作,大多具备以下几大特征:

1. 超越。想象力丰富,不拘一格。往大的说,将不同时间和空间,甚至不相干的元素掺杂在一起;往小的看,将形态任意拉扯变形。

2. 生拙。没有法度,便无所谓技法。从实际情况来看,这些孩子也确实没有受到过专业训练,因此技法很不成熟,却颇有生拙味道。

3. 天趣。作品虽然生拙,但纯粹出于本能,没有半点刻意,因此作品天趣盎然。

4. 童真。情感上很纯真,产生了成年人所不具备的童真,生动且纯粹，颇有意思。

以上四点，对于专业画家而言，正是梦寐以求的目标，不少人在壮年之际努力探索，问题是，心智成熟却要追求早已丢失的童趣审美，必然要耗费心思，考虑造型是否合理，是否具备美感。但是于少儿而言，没有法度，不受拘束，随心所欲，是毫不费劲的，所有的审美和表现，都出乎本能。本能表现和追求模拟，呈现的效果必然大不相同。

很多老者在垂暮之年，行为和思维，犹如孩童一般，这是返老还童的自然现象。艺术家的晚年作品，也时常出现返璞归真的迹象和童趣，因为经历和见识的积累，平添了苍厚和老辣。我将这类作品称为"绚烂时期作品"，能进入这个境界的艺术家很少，近现代的中国书画名家中，齐白石95岁、黄宾虹89岁、谢无量78岁之后的作品，都属于"绚烂时期作品"，弘一法师的临终绝笔"悲欣交集"可谓绚烂至极，但一生仅有此件。

童趣不仅为中国传统书画所独有，西方艺术也热衷此道。远的不说，近年来黑人天才少年画家巴斯基亚的作品，以其独特的视觉感受和童趣的表现手法轰动全球，作品价格已然超越世界一线名家，千万别以为这是有钱人一时冲动，在市场上，人们往往用资金对艺术品价值给出独特的阐述。归纳他的作品，也都符合上述四个特点，说明童趣目前正成为人们内心的最重要的精神需求，也将是未来一段时间内高端艺术品的流行趋势。

种种现象表明，童趣是艺术作品的可贵品质。可惜随着年龄的增长，孩童心智逐渐走向成熟，纯真本能的审美，主动或被动地被成年人的审美理念同化，尤其是被所谓的专业辅导教化，使得这个可贵的品质逐年逐月地减弱，直至消磨殆尽。

可喜的是，晋江市第三实验幼儿园孩童的作品，从夸张的造型，生拙的线条，乃至有趣的神态，都保持着很纯粹的童趣。在高校的艺术专业中，因为是成人世界，需要从技法、审美、理念，乃至纵横的艺术史观等方面进行辅导，导师的专业水准显得格外重要，所谓名师出高徒。那么，幼儿教育是否也如此呢？根据了解，晋江市第三实验幼儿园并无专业美术老师，但陈白鹭园长和她的团队，注重发挥孩童本能，重视天性而忽略技法，正是这个独特的教学理念，使得教学团队没有过多地进行技法干扰，由此保持孩童们的绘画本能和童真本色。这批作品，突出一个现象——少儿书画教学，导师的理念比技法更为重要。一个天然风景，只需略为添置道路、桥梁等元素，便可锦上添花，如果大动干戈，推平天然景观，而介入太多的人工建筑，虽然豪华，却丢失天然。

与此同理，其实每个孩童，都是一道风景。如何维护好这道风景，使其既具备美观，又能保持天然，显然需要具有良好理念的导师，令我欣慰的是，在晋江市第三实验幼儿园我们看到了希望。

2021年5月25日于北京友唐斋

（作者系著名书画家、鉴藏家、艺术史研究学者）

自序：写给这本书

陈白鹭

　　这本书，虽然只有22个美术主题活动，但美术表现形式却丰富多彩，包含绘画、手工、装置及行为艺术等多种门类；这本书，虽然只定位于本土文化，但涵盖了海丝之路起点——泉州的民风民俗、宗教艺术、建筑文化、生活用具等文化元素；这本书，虽然以海丝元素作为切入点，但却更多地思考幼儿如何在感受与欣赏的基础上进行创意表达；这本书，用主题活动的形式呈现，每一个主题活动都包括主题由来、主题网络、主题活动总目标、主题活动案例、主题活动小结、资料链接六个部分，为教师的教学活动提供内容和方法的支持，为幼儿的表达表现提供向上攀登的阶梯。

　　这本书，虽然只是22个美术主题活动的呈现，但研究历时25年，历经了幼儿园美术教育活动的大变革——从二十世纪八九十年代以临摹理论为主导到《幼儿园教育指导纲要》所提倡的创造性表现，再到《3～6岁儿童学习与发展指南》主张的以"感受与欣赏"为支点的幼教美术改革，这个过程充满艰辛但也乐趣无穷。二十世纪八九十年代，幼儿园美术教学活动以临摹为主，教师通过讲解范例让幼儿跟着教师的方法作画，彼时作为一线教师，我从来没有质疑过这种教学方法有何不妥,从来没反思过为什么有那么多的孩子一到上美术课就愁眉苦脸,从来没有问过孩子为什么画不出来。我对美术活动的重新认识是从儿子参加绘画比赛开始的。当时儿子两周岁九个月,他的老师让我为孩子准备一幅作品参加比赛。因一时没有适合的范画,我就直接把小班教材里的"花和小草"拿来让儿子临摹,结果,平时喜欢涂鸦的儿子画的花东倒西歪,反复练习了好几次,依然没有办法画出范画当中"花和小草"的样子。我朦胧地意识到,幼儿时期的绘画也许有自己的特点,于是,开始查找资料了解学龄前儿童的绘画特点,寻觅中看到了李文馥教授在《父母必读》当中连载对儿童画的解读,从中知道,幼儿绘画有其自身的心理学基础和年龄特点,是幼儿表达对周围世界的认识和情绪态度的独特方式。学龄前儿童的美术教育是塑造完整人格的审美教育。在李文馥教授的理论引领之下,我开始进行幼儿园美术活动的改革实践探索,在摸爬滚打当中,我有了建构幼儿园美术活动课程的想法,希望通过课程建构来解决教学内容、指导策略、评价方式等方面的诸多问题。随着研究进程的不断深入,我们有了对幼儿园美术活动研究的思考,有了以美术研究为支点的4个省级立项课题,获得了福建省教学成果奖二等奖,撰写了一本本案例集,举办了全园幼儿共同参与的"萌娃绘海丝——献礼新中国70华诞"幼儿美术作品展。

  本书的系列活动内容源自海上丝绸之路起点上的文化元素,但又有别于一般本土文化资料在美术活动中的运用,因为在活动设计中我们更加注重让幼儿在欣赏和观察的基础上进行创意表达,重在和幼儿共同梳理表达创造的方法。书中收录了本人发表的《闽南元素,创意表达——以大班美术活动"有趣的媒婆丑"为例》《让幼儿在欣赏体验中发展创造力——以大班美术活动"花草地"为例》《基于儿童视角的幼儿园本土文化环境创设——以混龄游戏活动"印象五店市"为例》《利用海丝文化,助推活态传承——以大班美术活动"永春纸织画"为例》四篇文章，分别围绕创意表达、欣赏体验、环境创设以及本土文化传承介绍指导策略。我们希望，通过这些主题活动，把创意表达的方法传递给大家，让一线教师可以从中获得启发。

感谢李文馥教授，虽然从未谋面，但她却是我美术改革实践的引路人，因为有其理论的引领，让我的幼儿园美术教育方向没有走偏；感谢吴丽芳教授，她总是在我们遇到困难时给予点拨；感谢课题组的老师们和我一同经历了改革实践的全过程；感谢我们家的小伙子，他是这本书的缘起，也因为他对美术的挚爱，让我始终相信，兴趣是最好的老师。

目录

实践感悟

闽南元素，创意表达——以大班美术活动"有趣的媒婆丑"为例………… 2
让幼儿在欣赏体验中发展创造力——以大班美术活动"花草地"为例…… 6
基于儿童视角的幼儿园本土文化环境创设——以混龄游戏活动"印象五店市"
为例…………………………………………………………………… 9
利用海丝文化，助推活态传承——以大班美术活动"永春纸织画"为例… 13

主题案例

丑角挑大梁（大班）……………………………………………………… 18
美丽的宫灯（大班）……………………………………………………… 26
刺桐港的西方教堂（大班）……………………………………………… 37
蟳埔簪花围（大班）……………………………………………………… 47
神秘的门环（大班）……………………………………………………… 54
百家衣（大班）…………………………………………………………… 62
闽南传统工艺——漆线雕（大班）……………………………………… 71
走进闽南古大厝（大班）………………………………………………… 79
布袋衫　水当当（中班）………………………………………………… 88
番仔楼（大班）…………………………………………………………… 96

摩尼光佛（大班）	107
镇风神武的风狮爷（大班）	113
印象闽南古厝（大班）	122
朦胧淡雅的纸织画（大班）	135
灵动的屋檐艺术——剪瓷雕（大班）	146
蚝壳厝（大班）	154
海丝古船（大班）	162
南音乐器（大班）	170
咱厝龙舟（大班）	177
泉州印度教石刻（大班）	185
骑楼上的侨乡文化符号（中班）	193
诙谐有趣的拍胸舞（大班）	202

实践感悟

闽南元素，创意表达
——以大班美术活动"有趣的媒婆丑"为例

闽南文化源远流长，高甲戏、拍胸舞、漆线雕、嗦啰嗹等纷纷入选国家级非物质文化遗产名录。多年来，我园致力于"利用闽南文化资源开展美术教育"的课题研究，取得了一定的成效。但在课题研究中我们也发现，一些题材幼儿并不感兴趣，一些题材不适合幼儿喜欢想象和创造的天性。因此，如何在传承与创新中找到平衡点，值得我们进一步研究。在课题研究中，我们从关键经验的提取、指导策略的选择、材料的提供、评价方式的改变入手，使得闽南元素在幼儿园美术教学中有了富有创意的表达方式。本文以闽南高甲戏中的媒婆丑为例，介绍我们的做法。

一、立足闽南文化，提取创意表达的核心要素

熟悉高甲戏的人都知道一句话，"无丑不成戏"，高甲戏中的媒婆丑具有亦庄亦谐、以丑见美的特色。高甲戏中的媒婆丑泼辣、风骚、妖艳，形象大胆夸张，讲究用眼神和嘴巴来做戏。纯粹地"依样画瓢"表现媒婆丑是一件简单的事，但如何让幼儿在感受民间文化的同时发展创造力却是难题。而在这一过程中，提取表现媒婆丑的核心经验是关键。只有通过深入了解媒婆丑，并提取相

应的核心经验,才能引导幼儿创造性地表达。通过查阅资料和采访民间艺人,我们了解到:闽南高甲戏中的媒婆丑闻名全国,具有独特的艺术风格,表情夸张、幽默,富有浓郁的山野气息,动作皆模仿提线木偶,表演富有节奏感,它以夸张、变形的动作展现人物形态,目的是逗观众开心。

我们选取了高甲戏中最能体现媒婆丑动作、表情特点的剧目《骑驴探亲》让幼儿欣赏,欣赏之后和幼儿围绕三个问题共同讨论:你看到了什么?她什么地方看起来好笑?为什么会觉得她很好笑呢?幼儿通过观察发现:媒婆丑头上插满五颜六色的花,她的嘴巴歪到耳朵旁边,一对眼珠滴溜溜地转,媒婆丑的眉毛一边高一边低,颧骨也有高有低,脸上还有一颗痣,媒婆丑的很多动作像木偶。在观察和讨论之后,教师和幼儿共同归纳出"以丑为美、滑稽惹笑"的核心经验,并总结出滑稽惹笑的效果来自变形、夸张和装饰。有了核心经验的支撑,幼儿表现媒婆丑就变得容易了许多。幼儿在表现媒婆丑时不必拘泥于像不像媒婆丑,只要表现出媒婆丑的滑稽惹笑就可以了。在其他闽南文化美术主题活动中,我们也采用了提取核心经验的方法,为幼儿的创意表达搭建了阶梯,取得了很好的教学效果。

二、扎根闽南文化,提供多元感受的支持策略

高甲戏的媒婆丑在闽南地区虽然深受成人喜爱,却渐渐远离孩童的生活。幼儿对高甲戏中的唱词、动作、表情更是知之甚少,因此,需要通过感受与欣赏为幼儿的表达与创作作好铺垫。《3～6岁儿童学习与发展指南》(以下简称《指南》)在艺术领域中也强调"鼓励幼儿在生活中细心观察、体验,为艺术活动积累经验与素材""根据幼儿的生活经验,与幼儿共同确定艺术表达表现的主题,引导幼儿围绕主题展开想象,进行艺术表现"。因此,在课题研究过程中,我们采用了多通道欣赏的方法:生活中欣赏、影像资料欣赏、典型课件欣赏、语言动作表达欣赏等。这些方法可以让幼儿了解角色的特征,为幼儿的创意表达作好铺垫。

首先,我们带幼儿观看和参与晋江五店市传统街区民俗文化表演,带幼儿到戏剧中心、博物馆等欣赏文艺表演和艺术作品,鼓励幼儿在生活中细心观察、体验,为艺术活动积累经验与素材。其次,我们选取高甲戏中的优秀剧目

和幼儿共同欣赏。再者，我们用动画技术设计了一张会变化的媒婆丑脸谱，采用"脸谱变变变"的游戏引导幼儿在有趣的氛围中反复观察媒婆丑的嘴巴、眼睛、眉毛等是怎样错位的，并归纳出变形、夸张、装饰的表现手法。最后，通过看一看、说一说、学一学、做一做、演一演等形式，让幼儿用心感受丑角独特、夸张的脸部表情给人们带来的欢乐。这些方法的应用，为幼儿创作提供了隐性的、有效的支持策略。有了这些支持策略，幼儿可以天马行空地表达表现，同时仍然立足于本土文化的根基当中。幼儿在表达表现中增强对家乡传统文化的了解，更进一步地激发爱家乡的情感。

三、挖掘地域元素，提供创意表达的活动材料

闽南文化中的石雕、泥塑、砖雕、漆线雕、纸织画等所使用的材料都有其地域特点，如漆线雕中用生漆和泥金线做出的佛像和扁篮等都具有闽南的乡土文化气息。但这些材料中有一部分不太适合幼儿使用，有些材料容易引起过敏，有些材料太过昂贵，有些材料太过坚硬，幼儿无法使用。因此，如何以闽南文化为媒介，提供具有可塑性、富有表现力的材料让幼儿创作，是我们在课题研究中遇到的难题。例如，在表现媒婆丑时，我们首先考虑的是使用具有本土特色的材料，所以一开始提供的是黏土和金粉，让幼儿用盘绕的方法表现媒婆丑。结果，幼儿折腾了将近一个小时，无法表现出媒婆丑的特征。交流中，幼儿告诉我们，黏土很容易断裂，没有办法绕出想要的形状。

随着课题的实施，我们总结了提供创意材料的方式——多项提供，深度探索。例如，活动中我们让幼儿与多种材料进行互动，在互动中寻找表现媒婆丑的各种方法。如，有的幼儿直接在自己的脸上化妆，并穿上用塑料袋制作的服装扮演起媒婆丑；有的幼儿直接用马勺作为丑角的脸，然后用超轻泥在马勺上装饰五官，马勺是立体的而超轻泥有一定的厚度，两种材料搭配起来作品的画面效果很好；有的幼儿则用玉米粒制作头花来把自己装扮成媒婆丑，富有乡野情趣。幼儿基本上能把媒婆丑的特征表现出来，如眼珠跑一边，嘴巴歪一边，脸颊涂腮红，花儿插满头，等等。他们的作品源于媒婆丑又高于媒婆丑，不管使用什么材料，只要能表现出媒婆丑的"以丑为美、滑稽惹笑"即达到活动的预期目标。幼儿需要深入探索每种材料，才能发现最满意的材料。幼儿在充分

使用某种材料的同时会发现改变材料的多种方法。材料一开始是探索的对象，在经过多次探索之后最终成为表现工具。幼儿在操作材料实现预期目标的过程中获得了自信。

四、紧扣生活经验，增强教师评价的指导作用

《指南》指出："幼儿对事物的感受和理解不同于成人，他们表达自己认识和情感的方式也有别于成人。幼儿独特的笔触、动作和语言往往蕴含着丰富的想象和情感，成人应对幼儿的艺术表现给予充分的理解和尊重，不能用自己的审美标准去评判幼儿。"幼儿的作品也往往是其生活经验的表达，教师一定要有一双慧眼，能够通过幼儿的作品去洞察他们的内心世界，并把理解用评价的方式传递给幼儿。而很多时候，教师最为忽略的往往是评价，有的教师会说"画的什么呢，一点都不像"，有的又只会说"棒棒棒，你真棒"。而有专业素养的教师则能利用隐性评价的方式激发幼儿的创作热情，用隐性的方式传递审美理念。如，在幼儿表现媒婆丑时，我采用以欣赏代替评价的方法："请小朋友们把自己的作品展示给客人老师看，如果老师笑了，就说明你设计的丑角脸谱滑稽好笑。"听课的教师能领会我的良苦用心，给幼儿一个灿烂的笑容。又如，小月画媒婆丑的脸，她拿起油画棒大笔一挥，就在马勺的下半部分画了眼睛。我没有马上纠正，而是静观其变。后来，小月告诉我，她画的是媒婆丑低头看地板的样子。我一看，真的特别有趣，我表扬了她，也隐性地把"俯瞰"的概念传递给幼儿。在作画过程中，有些小组只用了两种颜色的颜料，有些小组用的颜料颜色有好几种，作品完成后，我引导幼儿比较、评价颜色多的作品和颜色少的作品，传递"少即是多"的审美理念。通过这种隐性的评价方式，幼儿的创作热情得到激发，表达表现的能力在不知不觉中得以提升。

（作者陈白鹭，此文发表于《福建教育》，2017年第42期，有改动）

让幼儿在欣赏体验中发展创造力
——以大班美术活动"花草地"为例

在组织美术活动时,教师们时常抱怨:"我们不断地要求幼儿要画出和别人不一样的作品,可是幼儿的作品还是千人一面,没有个性。"让幼儿的作品具有个性和创意真的很难吗?我想,不是幼儿没有创造力,而是教师需要转变美术教育方式。谈及转变美术教育方式,许多教师不知从何入手。在美术教学实践中,我们采用了"多元感受—自主欣赏—个性表达"的方式引导幼儿用心去感受美和欣赏美,用自己的方式去表现美和创造美。令人欣喜的是,在这样的教学方式引导下,幼儿创作出的作品充满个性并富有创造力。现以大班美术活动"花草地"为例,谈谈我们的做法。

一、引导幼儿欣赏名家作品,领略艺术表现的多元性和创造性

《3~6岁儿童学习与发展指南》(以下简称《指南》)明确指出:"幼儿绘画时,不宜提供范画,特别不应要求幼儿完全按照范画来画。"在这种背景下,许多幼儿园的美术教学方式从临摹转向写生,但是仅单一地组织写生教学活动是无法发展幼儿的想象力和创造力的,因为幼儿缺乏相应的艺术表现经验。于是,我们尝试引导幼儿欣赏名家作品,开阔幼儿的视野,丰富幼儿的艺术表现经验,

为发展幼儿的想象力和创造力搭建平台。例如，在组织大班美术活动"花草地"时，我们经过精心研究，最终选择了吴冠中的作品《花草地》让幼儿欣赏。首先，吴冠中的作品既有中国山水写意画的风格，又融合了西洋绘画的特点，采用水墨晕染的方法，呈现出烟雨蒙蒙的梦幻效果。作品使用油画颜料，色彩浓烈饱和，对比强烈，看起来自由、轻快、无拘无束，这非常符合幼儿天真活泼、充满想象力的特点。其次，《花草地》主要以颜色、线条、形状来表达作者对花草地的感受，幼儿有类似的生活经验和情感体验，通过教师的有效引导及对作品的细致分析和解读，幼儿能够理解作者所表达的意境。再者，《花草地》整幅作品乍看色彩很多，线条凌乱，但作为写意画画面没有具体的形象，欣赏不受条条框框的约束，幼儿表达表现的自由度更大。在欣赏《花草地》时，幼儿把五彩缤纷的颜色当作花、蝴蝶、风筝、毛毛虫、蚂蚁等；把长短不一的线条当作小草、雨丝、阳光、丝线；把浓淡各异的墨色当作土地、洞穴、夜空。幼儿对《花草地》的解读充满奇思妙想又都在情理之中，这就为幼儿的艺术表现与创造积累了经验。通过欣赏作品《花草地》，幼儿不仅初步领略了艺术表现的多元性和创造性，而且为后续活动的艺术表现奠定了良好基础。

二、多通道感知，让幼儿获得丰富的审美感受和体验

《指南》强调，"幼儿的学习是以直接经验为基础"，教师要"最大限度地支持和满足幼儿通过直接感知、实际操作和亲身体验获取经验的需要"。换言之，幼儿只有对审美对象有所感知，才有表达的欲望；幼儿对审美对象的感知经验越丰富，就表现得越有创造力。因此，在美术教育教学实践中，教师要采用多种方式让幼儿获得丰富的审美感受和体验。

在组织大班美术活动"花草地"时，我们就尝试让幼儿通过多通道感知获得丰富的审美感受和体验。我们通过寻找花草地—欣赏花草地—表现花草地三个阶段让幼儿在有趣的活动中了解色彩、线条、构图的魅力。活动前，我们让家长带领孩子寻找花草地，拍摄花草地。在引导幼儿欣赏《花草地》这幅作品时，我们通过多通道的解读，引导幼儿了解疏密各异的点、长短不一的线、五彩缤纷的颜色、浓浓淡淡的墨色可以组成一幅美丽的图画，可以表达画家的想法。针对欣赏的重难点，我们设计制作了动画课件。在课件的设计上，我们运

用动画技术让每一种颜色既可以单独出现又可以进行组合，让幼儿可以分辨出作品采用了哪些颜色，同时也知道五彩缤纷的颜色可以组合成一幅好看的图画；在色彩线条徐徐出现时再配上一段配乐诗朗诵，让幼儿在音画结合的审美意境中具体形象地感知作品中不同色彩、线条、图案的和谐之美。在每一个教学环节中，我们都设计了富有针对性和启发性的问题，如：你在公园里看到的花草地是怎样的？你能看出画家画了什么吗？看了这幅画心情怎样？这些黑色看起来一样吗？不一样的地方在哪里？这些点和线条是怎样排列的？这些启发性的问题有效激活了幼儿与大自然对话的感性经验。我们还引导幼儿尝试运用身体动作来表达自己对作品的理解，让幼儿与美术作品进行有效对话，充分领略写意画的艺术魅力。

三、提供富有表现力的工具材料，支持幼儿大胆想象和创意表达

欣赏活动最终的落脚点是让幼儿表达表现，教师要提供富有表现力的工具材料支持幼儿的创意表达。在开展大班美术活动"花草地"时我们发现，幼儿具有喜欢鲜艳颜色的特点，他们对黑色往往视而不见。而墨色晕染的方法好玩有趣又能产生变幻无穷的作画效果，刚好弥补了幼儿不喜欢使用黑色这一不足，而且这一方法可以表现出与原作品类似的画面效果。因此，在尊重原作品的前提下，我们适当地降低一些难度，让幼儿只要发挥创造力就可以呈现作品。我们投放了油画颜料及盛满水的盆子。在作画过程中，幼儿先用油画颜料涂抹出五彩缤纷的颜色和疏疏密密的点、线，然后在水中运用墨汁作画的方法画出奇异的形状，最后把画好的画放到水中晕染，晕染时幼儿个个都惊叹自己的创作，因为他们晕染出的每一幅作品都充满个性和创造力，都是独一无二的。

（作者陈白鹭，此文发表于《福建教育》，2014年第7期，有改动）

 **基于儿童视角的幼儿园本土文化环境创设**

——以混龄游戏活动"印象五店市"为例

  幼儿园的环境创设不但要凸显美的要素，让图案的呈现、主色调的选择、色彩的搭配尽可能完美和谐，而且必须承载更多的教育功能，为幼儿的发展服务，只有这样的环境，才能够历久弥新，对幼儿来说才有吸引力。我们以课题研究为抓手，以《3~6岁儿童学习与发展指南》（以下简称《指南》）提到的艺术领域的两条主线"感受与欣赏""表现与创造"为支撑，开发了"闽南元素创意表达""与大师对话""异想天开"等一系列园本特色美术课程，并在课程开展过程中创设可展示、可激趣、可参与的幼儿园环境，让环境促进幼儿健康、和谐、富有个性地发展。本文以混龄游戏活动"印象五店市"为例，谈谈我们在环境创设中的一些做法和体会。

一、寻找有趣味的环境，让幼儿感受本土文化的魅力

  本土文化环境对幼儿而言既远又近。远是因为部分本土文化已经远离了幼儿的生活；近是因为我们有必要让本土文化走进幼儿的生活，在幼儿心中生根发芽。如何让本土文化能够实现活态传承？我们认为首先应该运用环境的渗透教育，为幼儿营造良好的本土文化环境，使他们能够在现实场景中去感受本土

文化的魅力。

我园地处传统街区五店市附近。我们组织幼儿走进五店市，寻找有趣的闽南古厝和番仔楼，到美食街去品尝传统美食，去戏楼看戏，参加童谣吟诵诗会，参观灯展，让幼儿通过多种途径感受五店市的建筑、民风民俗、艺术品等。师幼一起把收集到的相关资料，通过各种形式呈现于幼儿园环境之中，让幼儿一踏入园区即可感受到本土文化的氛围。我们在亲子书吧、书画长廊、漫画走廊、诗歌墙等区域全方位展示由教师、家长、幼儿自制和收集的美术作品及本土文化资料，如剪贴画、闽南古厝照片、高甲戏脸谱。我们还在楼道、楼梯拐角处设置童谣吟诵墙、戏台、阅读墙，凸显闽南文化元素，通过环境创设为课程实施提供支持与服务。

二、创设可参与的环境，让幼儿体验本土文化带来的乐趣

《指南》指出，教师要"创设丰富的教育环境，最大限度地支持和满足幼儿通过直接感知、实际操作和亲身体验获取经验的需要"。幼儿园是幼儿活动的环境，幼儿园环境创设应该为幼儿提供表达表现的机会，让幼儿玩起来、乐起来。如，我们创设了混龄游戏区"印象五店市"，把它设置在下沉式花园中的架空场地。一开始教师在此开设了"旧时光照相馆""小茶馆""棋艺馆""古玩店"，希望借此还原具有闽南特色的生活场景，让幼儿对本土文化有更多的了解。但是，来该区域玩的幼儿愈来愈少。教师通过与幼儿交流了解到，这样的环境让幼儿感到拘谨，欣赏功能大于操作功能，对幼儿没有吸引力。于是，教师对该区域进行调整，开设了"旧时光照相馆""锦绣庄""陶艺坊""妆糕人小店""裁缝店""小吃街"，投放了可供幼儿操作的照相机、陶泥、彩色面团、刺绣架子、缝纫机、各种彩色线和废旧布料……调整后，幼儿对这个区域越来越感兴趣，越来越多的幼儿参与到"印象五店市"活动中。他们有的用剪刀剪出各种颜色和形状的布条，试着使用缝纫机制作装饰物，并装扮在自己身上，到"照相馆"去拍照，非常开心；有的在"妆糕人小店"制作妆糕人，并学着叫卖；有的在"小吃街"学着制作土笋冻、深沪鱼丸，到此品尝的幼儿更是排成了长队……

三、打造可展示的环境，让幼儿表达对本土文化的理解

"幼儿是环境的主人，环境创设应该以幼儿为本"是我们进行环境创设的整体思路。我园大部分环境创设都是采取教师为幼儿提供框架，幼儿来布置内容的方式。这对教师而言是极大的挑战，因为幼儿的作品质量参差不齐，怎样让这些作品都有"立足之地"，并且能够"华丽变身"呢？我们经过反复研究，确立了"美观、牢固、多功能、可更换"的环境创设原则，设计了艺术长廊、美术室、民间艺术宣传窗等用来展示不同主题的作品，一次投入，长久使用。常言道，"三分画，七分裱"，这些色彩协调、造型美观的长廊、功能室、宣传窗，让幼儿的作品实现了"华丽变身"。

某次活动中，幼儿用版画的形式表现五店市的古厝，但要把每个幼儿的作品都展示在园所环境中有些困难，于是我们改用集体作画的方式来创作作品。幼儿以小组为单位，有的画古厝轮廓，有的画花纹，有的涂色，最后组成了一片古厝群，幼儿在古厝群上写下自己的名字。看到自己的作品成为环境创设的一部分，幼儿感到非常开心。

在活动过程中我们还发现，部分幼儿作品因为没有展示的空间而到处乱扔，这是非常可惜的。为此，我们和幼儿商量，决定在架空场地的墙上悬挂大大小小的画框、斗笠、竹编、矿泉水瓶、老物件，让幼儿将作品展示在这些器具上。这些作品悬挂在"印象五店市"，成了一道道美丽的风景。

在引导幼儿创作黑色纸版画《马赛克花砖》时，我们发现幼儿的作品尺寸较小，一幅幅单独上墙展示效果不好。于是，我们把几幅作品拼贴成一幅画，并在画上贴上红色的电工胶布，效果非常好。看到自己的作品被展示出来，幼儿的创作热情更加高涨，他们还提议办画展，让更多的人了解他们的作品，了解五店市。幼儿的建议也得到家长的广泛认同，家长们纷纷参与到展览会的筹备活动中来，于是有了以班级、年段、学园为单位的各种美术作品展览会、拍卖会。而在这些活动中，幼儿们通过介绍自己的作品进一步了解本土文化。

四、构建多功能的环境，让幼儿深化对本土文化的印象

幼儿园的环境不仅要彰显美育功能，还要促进幼儿多方面的发展。我们充

分挖掘本土文化资源的教育价值，并将其渗透于环境中，让环境促进幼儿审美素养、社会认知、语言交流、身体动作、习惯养成等方面的发展。

例如，我们把香包挂在户外场地的不同高度上，每个年龄段的幼儿都可借此学习纵跳触物；我们还引导幼儿在香包上写、画，表达自己的想法。戏台是幼儿园的一个景观，也是幼儿每天开展表演游戏的场所，有趣的高甲戏、拍胸舞、木偶戏每天都可在此上演。龙头、狮子头平时悬挂在墙上供幼儿欣赏，也可以取下来作为做操的道具。竹梯涂上颜色可以作为装置艺术呈现，也可以作为训练幼儿平衡能力的工具。小班幼儿给雨鞋涂上丙烯颜料，将其倒挂在扫帚上便成了竹马，在户外活动时就可以玩耍。涂鸦墙借鉴了闽南建筑的砌墙方法"出砖入石"，我们在周围放置了各种石头凳子，幼儿在此可写，可画，可贴，可欣赏……富有本土文化特色的环境让幼儿感到有趣，能够激发幼儿与之互动。在这样的环境中，幼儿潜移默化地接受本土文化的熏陶，逐渐形成对家乡文化的认同，并主动参与到传承本土文化中去。

（作者陈白鹭，此文发表于《福建教育》，2019年第15期，有改动）

 **利用海丝文化,助推活态传承**
——以大班美术活动"永春纸织画"为例

中华优秀传统文化为中华民族克服困难、生生不息提供了强大精神支撑,是中华文明赓续传承、屹立于世界文化之林的"基因密码"。习近平总书记多次提出,要系统梳理传统文化资源,使中华优秀传统文化"活起来"。这不仅是对文物的展览、对文化的展现,还有一个更深层次的含义,就是唤起大众对文明守护的重视和自发传承传统文化的兴趣。我园地处海上丝绸之路起点泉州,深受海丝文化的浸润,十几年来始终致力于把海丝文化元素运用于幼儿美术创意表达的实践研究,经过十几年的不懈努力,探索出甄选适宜内容、创新活动材料、巧用衔接方式、延伸活动内容等教学方法。以下以大班美术活动"永春纸织画"为例加以阐述。

一、甄选适宜内容

海丝文化具有深远厚重的历史底蕴、鲜明奇特的文化大观,包含丰富多彩的文化遗产,涉及建筑、民俗、宗教、民间艺术、方言等多个方面。在浩瀚的海丝文化中,哪些内容适合用于幼儿园美术活动?经过实践,我们归纳了以下四点海丝文化资源筛选原则:1.适宜性:适合幼儿表达表现;2.创造性:有创意表达的可能性；3.趣味性：能激发幼儿创作的兴趣；4.价值性：具有审美价值。确定海丝文化资源筛选的标准后，我们最终构建了一个较为全面和系统的海丝文化美术课程资源库，让教师们能够从中选取相关资料进行重组和优化。比如"永春纸织画"活动的开展，就经历了有趣的推进过程。2015年，我作为特级教师到永春送教下乡，从那时起认识了永春纸织画。纸织画是产生于永春的一种民间传统艺术，与杭州丝织画、苏州缂丝画、四川竹帘画并称中国"四大家织"，并于2011年入选第三批国家级非物质文化遗产名录。永春纸织画近看纸痕交织，经纬分明，远观缥缥缈缈，犹如隔帘赏月、雾里看花。在参观非遗传承人工作室时，我被纸织画的素雅美和朦胧美惊艳到了，因此有了把纸织画收录到海丝文化美术课程资源库中的想法。为了让更多教师及幼儿对纸织画有直观的感知，课题组教师带着幼儿来到了永春，近距离地感受了纸织画的艺术魅力和丰厚的文化底蕴。教师和幼儿现场了解了纸织画的制作流程，非遗传承人方碧双还演示了绘画、裁割、编织、裱褙等制作工艺，幼儿通过与非遗传承人的对话、互动，对永春纸织画的材料、制作工艺有了初步的了解，为下一步的美术表达表现储备了知识经验。在课题研究过程中，教师还通过查阅资料、采访民间艺人、现场采风等多种形式，甄选归纳出戏剧、语言、民俗、建筑、生活等方面的海丝文化元素，并对每一项资源的艺术价值、艺术形式、应用可能进行了整理，形成了多样化、可利用的海丝文化美术课程资源库，并通过走进现场、与非遗传承人交流等方式来丰富幼儿的经验，让幼儿在大自然和社会文化生活中萌发对美的感受和体验，引导幼儿学会用心灵去感受和发现海丝文化元素的无限魅力。

二、创新活动材料

　　课题组在将海丝文化元素运用于幼儿园美术活动的过程中发现，部分海丝文化内容幼儿无法直接用美术的形式表达表现。比如，我们通过走进文化现场，充分感受到了永春纸织画的魅力所在，教师开始尝试让幼儿用美术的形式表现纸织画，但在实施过程中遇到了三个难题：第一，如果用传统的制作方法，一幅纸织画作品至少要制作一个月，耗时太久；第二，幼儿在切纸的过程中经常把纸切断，作品显得残缺不全；第三，要把纸张切细难度很大，但切粗了又无

法呈现纸织画的朦胧效果。几次活动之后，幼儿没了兴趣，活动无法持续，研究陷入困境。究竟是制作纸织画的活动确实不适合在幼儿园开展，还是可以另辟蹊径呢？后来，课题组成员提出了大胆的设想，在传承的基础上进行材料创新，以此来解决制作耗时长和切纸容易断裂的问题。经过反复讨论，最终确定尝试采用在画好的作品上油印的方法，以期呈现纸织画的朦胧效果。课题组成员找来了各种大小不一的模板，放到美术区让幼儿玩油墨印刷游戏，幼儿把画好的作品放在模板上进行印刷，没想到，真的呈现出纸织画的朦胧效果。有了成功的体验，幼儿开始对纸织画产生兴趣，制作纸织画的热情越来越高。随着课题研究的推进，我们发现，海丝文化的传承，可以从材料创新、表现形式创新等维度入手让幼儿获得成功体验，从而激发幼儿的创作欲望。

三、巧用衔接方式

在课题研究过程中，面临着传承与创新之间如何衔接的问题。如果教师仅仅做搬运工，让幼儿直接依样画瓢，相对比较简单，但与《3～6岁儿童学习与发展指南》中"幼儿艺术领域学习的关键在于充分创造条件和机会，在大自然和社会文化生活中萌发幼儿对美的感受和体验，丰富其想象力和创造力，引导幼儿学会用心灵去感受和发现美，用自己的方式去表现和创造美"的教育理念相背离。在"永春纸织画"的第一次活动中，任课教师让幼儿临摹各种灯笼，然后再在灯笼上进行油印。教研会上，课题组成员一致认为，临摹的方法不可取，幼儿美术活动固然应该以传承为支撑，但更重要的是让幼儿用自己的方式去表达美和创造美。由此，我们进行了新一轮的研讨，最后把活动内容定为设计闽南花砖。通过和幼儿一起欣赏闽南花砖、寻找各种对称的方法、寻找生活中的纹样等多种途径，为幼儿的表达表现提供支持和帮助。在活动中，幼儿运用各种对称的方法和生活中的纹样，设计出各具特色的花砖，呈现了丰富的想象力和创造力。设计完花砖之后，幼儿再通过油墨印刷的方法让花砖进行"变身"，呈现了类似纸织画的朦胧艺术效果。从本次活动中我们总结出，在表现内容上以海丝文化的传承作为支撑，但在指导方法上要以支持幼儿创意表达为本，通过两者之间的衔接，让幼儿在感知的基础上去表现与创造，在传承和创新之间求取平衡。

四、延伸活动内容

提升幼儿艺术审美素养需要通过多种活动形式进行浸润和渗透，让海丝文化外化于行、内化于心。比如，在"永春纸织画"活动中，除了用油墨印刷的方法呈现朦胧美，还有其他方法吗？如何解决切割纸张的问题？经过和幼儿讨论，我们生成了很多新的方法，比如马赛克拼贴法，比如用轻泡代替纸张的方法，比如先在竹编上画上样稿，拆开后重新拼装的方法等。教师把幼儿想出来的材料放在区域当中，让幼儿反复"折腾"获取经验。通过与材料的互动，幼儿肆意挥洒想象力和创造力，文化的传承和创新渗透在幼儿的一日活动当中，成为幼儿生活的一部分。

利用海丝文化开展幼儿美术活动，使海丝文化的传承和创新成为可能，使幼儿获得了美的感受与体验，使教师的专业能力得到成长。在幼儿美术活动与海丝文化的交融中，我们呼唤更多的社会人士关注幼儿成长、关注海丝文化，为传统文化的活态传承献上一瓣心香。

（作者陈白鹭，此文发表于《福建教育》，2021年第16期，有改动）

主题案例

丑角挑大梁
（大班）

一、主题由来

高甲戏是闽南文化的一个重要组成部分，熟悉高甲戏的人都知道"无丑不成戏"这句话，其中的公子丑、官袍丑、破衫丑、家丁丑、媒婆丑等多种行当，以丑见美，妙趣横生，成为舞台上的迷人风景。晋江市第三实验幼儿园地处闽南，高甲戏在幼儿生活中比较常见，传统节日中，经常会看到高甲戏表演，幼儿觉得有趣，经常在幼儿园谈论看到的丑角。因此，幼儿园将高甲戏这一传统文化元素融入幼儿美术课程当中，并用幼儿的方式去表达表现。"丑角挑大梁"美术主题活动让幼儿尝试运用泥塑、行为艺术等多种美术表现形式来表现高甲戏中的丑角，感受丑角夸张幽默的艺术风格，体验表现和创作的乐趣。

二、主题网络

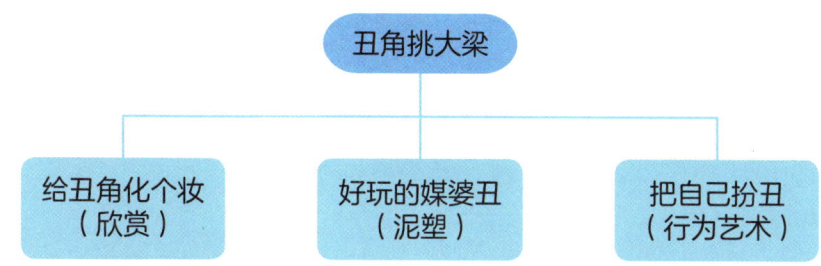

三、主题活动总目标

1. 通过欣赏、泥塑、想象创造等形式感受高甲戏中丑角夸张幽默的艺术风格，体验表现和创作的乐趣。

2. 尝试运用各种美术表现手法表现高甲戏中公子丑、官袍丑、破衫丑、家丁丑、媒婆丑的面部特征及服饰特点。

四、主题活动案例

案例一：给丑角化个妆（欣赏）

（一）活动准备

1. 经验准备：幼儿欣赏过高甲戏经典剧目——《玉珠串》《群丑献艺》《骑驴探亲》《金魁星》《老鼠娶亲》《连升三级》《番婆弄》，初步了解高甲戏中丑角的分类及妆容和服饰的特点。

2. 物质准备：高甲戏视频（《玉珠串》等），公子丑、官袍丑、破衫丑、家丁丑、媒婆丑的动画资料，彩妆用品。

（二）活动过程

1. 通过欣赏活动，了解高甲戏中公子丑、官袍丑、破衫丑、家丁丑、媒婆丑的妆容特征，激发创作欲望。

（1）引导语：今天老师带来了高甲戏《玉珠串》中的片段让小朋友们欣赏，这个剧目中有高甲戏中的各种丑角，小朋友们要仔细观察，欣赏之后我们把他们都找出来。

（2）观赏高甲戏《玉珠串》片段，了解高甲戏丑角有多种类型。

提问：看完了《玉珠串》，你们开心吗？为什么？你们看到了哪些丑角？是从哪里看出来的？

（3）欣赏丑角的视频截图画面，进一步了解高甲戏中的丑角可以通过妆容来区分。

引导语：请小朋友说说你看到的是哪个丑角，老师把他的图片放大，我们一起来看看他的妆容。（根据幼儿的回答，展示相应的图片）

提问：你从他们（公子丑、官袍丑、破衫丑、家丁丑、媒婆丑）的脸上找到了什么？为什么给他（她）取名公子丑（官袍丑、破衫丑、家丁丑、媒婆丑）呢？

小结：高甲戏中的丑角可以分为公子丑、官袍丑、破衫丑、家丁丑、媒婆丑等，我们可以通过妆容把他们区分开来。

（4）通过动画游戏，进一步了解可以通过不同的妆容表现高甲戏中丑角的性格特征。

引导语：我们看到公子丑、官袍丑、破衫丑、家丁丑、媒婆丑的表演，他们是不是都需要化妆呢？

提问：他们的妆容看起来有什么相同和不同的地方？在丑角的额头、太阳穴、眼睛、鼻梁、鼻头上，都画了些什么？这些图案给人的感觉是怎样的？

小结：丑角的脸部中央用白粉勾画成"豆腐块"，观众只要一看见这块"豆腐块"就知道这个演员是丑角。但每个丑角的额头、太阳穴、眼睛、鼻梁、鼻头上都画着不一样的图案，这让不同的丑角看起来有不同的特点。有的让人感觉贼眉鼠眼（娄阿鼠鼻梁中间画只老鼠），有的一看就是坏人（三角眼、八字眉），有的很讨喜（圆圆的眼睛），有的是小人物（在鼻子的上半部分画白色的逗号），有的一看就知道是酒鬼（鼻头涂红色，酒糟鼻）。

2. 引导幼儿用不同的色块、图案、符号给自己化妆，表现丑角的性格特征。

（1）师幼共同讨论，表达创作意图。

引导语：如果让你在自己的脸上化个丑角的妆容，你想要扮成怎样的丑角

（可恶、搞笑、讨喜等）？今天老师想请小朋友们化个丑角的妆容，这个妆容要能让人看出他是什么性格的丑角，想一想怎样化妆。

提问：你想用哪些色块、图案、符号来表现丑角的性格特征？你想要表现的丑角性格是怎样的？

（2）提出要求：①可以运用色块、图案、符号来帮助表现丑角的性格特征。②要给丑角画上不同形状的"豆腐块"，这样观众才能一下子认出他是丑角。

（3）幼儿化妆，教师巡回指导。

指导幼儿大胆运用色块、图案、符号来表现丑角的性格特征，颜色变化要丰富，妆容要合理。

3. 评价幼儿作品。

引导语：请小朋友们把自己的妆容展示给好朋友看，让他们猜一猜你的丑角是什么性格的。

案例二：好玩的媒婆丑（泥塑）

活动视频二维码

（一）活动准备

1. 经验准备：幼儿欣赏过高甲戏经典剧目，知道高甲戏部分行当的特点。
2. 物质准备：超轻泥、马勺、高甲戏《骑驴探亲》视频、展示媒婆丑的PPT。

（二）活动过程

1. 通过欣赏活动，了解高甲戏中媒婆丑的面部表情特征，激发创作欲望。

（1）引导语：今天老师带来了高甲戏《骑驴探亲》的片段请小朋友们欣赏，你们要认真观察媒婆丑的面部表情，老师想请小朋友来学一学。

（2）观赏高甲戏片段，初步了解媒婆丑的面部表情特征。

提问：看完了媒婆丑的表演，你们有什么感受？谁来学学媒婆丑的表情？为什么这个小朋友在学媒婆丑表情的时候，其他小朋友会哈哈大笑呢？

（3）幼儿欣赏媒婆丑表情动画，知道通过变形、夸张、装饰的方法可以改变面部表情特征，使之看起来特别有趣。

引导语：我们一起来看媒婆丑的面部表情，找找好笑的原因。

提问：你在媒婆丑脸上找到了什么？是什么地方让人觉得好笑？还有没有其他办法让她变得更好笑？谁愿意来说说你的发现？

小结：原来高甲戏中的媒婆丑是采用变形、夸张、装饰的方法让面部的表情变得非常有趣滑稽。

（4）启发幼儿大胆想象，激发创作的兴趣。

提问：假如让你用超轻泥做媒婆丑的脸谱，你觉得怎么做才会让它变得更滑稽有趣呢？

2. 幼儿创作，教师重点指导幼儿用变形、夸张、装饰的方法表现媒婆丑的面部表情。

（1）幼儿自由讨论，表达创作意图。

引导语：今天老师想请小朋友们来当艺术家，设计媒婆丑的脸谱。老师准备了马勺、超轻泥等材料，请小朋友们想一想怎样做出好笑的媒婆丑脸谱。

（2）提出要求：①要用变形、夸张、装饰的办法让媒婆丑有趣好笑。②尽量把媒婆丑的五官做大些，这样在稍远的地方也能看到媒婆丑好笑的脸。

（3）幼儿制作，教师巡回指导。

指导幼儿大胆运用变形、夸张、装饰的方法设计媒婆丑的脸谱，颜色变化要丰富，构图要合理。

3. 评价幼儿作品。

引导语：请小朋友们把自己的作品展示给客人老师看，如果老师笑了，就说明你设计的丑角脸谱很有趣。

4. 延伸活动："快乐媒婆丑"，幼儿随着音乐边表演边走出教室。

案例三：把自己扮丑（行为艺术）

（一）活动准备

1. 经验准备：幼儿欣赏过行为艺术经典作品，了解行为艺术就是装扮自己的身体，然后用动作、语言或者文字等表达自己的观点。

2. 物质准备：塑料袋、布料、彩色纸、双面胶、彩妆用品、幼儿行为艺术游戏视频、高甲戏视频、丑角的动画资料。

（二）活动过程

1. 通过欣赏活动，了解高甲戏中公子丑、官袍丑、破衫丑、家丁丑、媒婆丑的服饰特征，激发创作欲望。

（1）引导语：小朋友们已经在"给丑角化个妆"的活动中欣赏了《玉珠串》，我们通过妆容可以分辨出剧中的公子丑、家丁丑等。上次小朋友们在自己的脸上化了高甲戏丑角的妆容（用PPT播放活动照片），除了妆容，我们还可以通过服装来分辨各种丑角。

（2）欣赏丑角的视频截图，进一步了解高甲戏中的丑角可以通过服饰来区分。

引导语：请小朋友们说说你看到的是哪个丑角，老师把他的图片放大，我

们一起来看看他的服饰。(根据幼儿的回答，展示相应的图片)

提问：你在他们（公子丑、官袍丑、破衫丑、家丁丑、媒婆丑）的服饰上找到了什么？为什么给他（她）取名叫公子丑（官袍丑、破衫丑、家丁丑、媒婆丑）呢？

小结：高甲戏中的丑角可以分为公子丑、官袍丑、破衫丑、家丁丑、媒婆丑等，我们可以通过服饰把他们区分开来。

2. 通过动画游戏，进一步了解可通过不同的服饰表现高甲戏中丑角的性格特征。

提问：他们的服装看起来有什么相同和不同的地方？（引导幼儿从服饰的颜色、样式、纹路等方面回答）

小结：通过服饰的颜色、样式、纹路等可以区分丑角的身份，有当官的，有花花公子，有小人物，有媒婆，等等。

3. 播放幼儿行为艺术游戏视频片段，进一步加深幼儿对行为艺术的理解。

引导语：在角色游戏中，我们玩过行为艺术游戏，你们还记得怎么玩吗？

小结：行为艺术就是装扮自己的身体，然后用动作、语言或者文字等表达自己的观点。

小组讨论：你想要表达什么观点？

4. 引导幼儿用收集的废旧物品（塑料袋、布料、彩色纸等），制作高甲戏丑角的服饰。

（1）幼儿分组讨论，选择所要扮演的角色。

引导语：如果让你扮成丑角，你想要扮演谁？想要表达什么观点？

（2）装扮要求：①可以运用收集来的各种材料把自己扮丑。②把想要表达的观点通过服饰、动作、语言等表达出来。

（3）幼儿装扮，教师巡回指导。

指导幼儿大胆运用收集来的废旧物品把自己扮丑，引导幼儿以小组为单位协作完成任务。

5. 评价幼儿作品。

只要幼儿能针对作品自圆其说，教师就应当予以肯定，重在让幼儿体验装扮的乐趣。

五、主题活动小结

　　本主题活动让幼儿通过多种表现形式来展示对高甲戏丑角的理解。幼儿的表达表现需要教师给予支持策略，因此，在活动中，教师通过欣赏、观察、思考、发现、表达这几个步骤，和幼儿共同总结出运用变形、夸张、装饰的方法以及色块、图案、符号来表现人物的性格特征。幼儿有了这些支架，表达表现就变得容易了许多，从作品中可以看出幼儿有了想象和超越的空间，活动对幼儿而言既富有挑战性又具有可行性。

六、资料链接

　　丑角是高甲戏的主要行当之一，包括公子丑、官袍丑、破衫丑、家丁丑等，特点是在鼻梁中心抹一个白色"豆腐块"，用漫画的手法表现人物的喜剧色彩，同时通过不同的图案、色块和符号来表现人物的特征。关于丑角脸上的"豆腐块"有这样一种说法：在大明宫，有一个叫梨园的地方。由于唐玄宗痴迷艺术，这里慢慢地发展成皇家艺术中心。唐玄宗喜欢丑角，经常在梨园化装成普通百姓的模样。一国之君扮演丑角无论如何有损于大唐的帝国形象，为了遮掩皇帝的面容，特意用一块白玉挂在脸上，这就是中国戏曲史上丑角脸谱的来历。由于唐玄宗的缘故，丑角备受戏曲艺人的推崇和尊敬，地位一直很高，在中国传统的戏班，不管身份和资历如何，丑角都是最先化妆的演员。在戏曲发展史上，丑角的妆容根据人物的身份、年龄、性格、行为的不同而有所差异，逐渐形成了一套完整的、系统的脸谱，如腰子形粉脸、圆形粉脸、枣核形粉脸、筝形粉脸、元宝形粉脸和象形脸等。

（活动设计：陈白鹭）

美丽的宫灯
（大班）

一、主题由来

宫灯又称宫廷花灯，是中国最富有特色的传统手工艺品之一。宫灯始于东汉，盛于隋唐，造型有四角形、六角形、八角形，画屏图案多为龙凤呈祥、福寿延年、吉祥如意等。正月十五元宵节是泉州的传统游灯节日，会举办大型的灯展活动。幼儿的学习要源于幼儿的生活，以生活为基础，建立在生活之上。以"美丽的宫灯"作为幼儿美术活动的主题，可以让幼儿对宫灯的造型、图案有更深入的了解，在欣赏、观察的基础上，对宫灯艺术进行创意表达。

二、主题网络

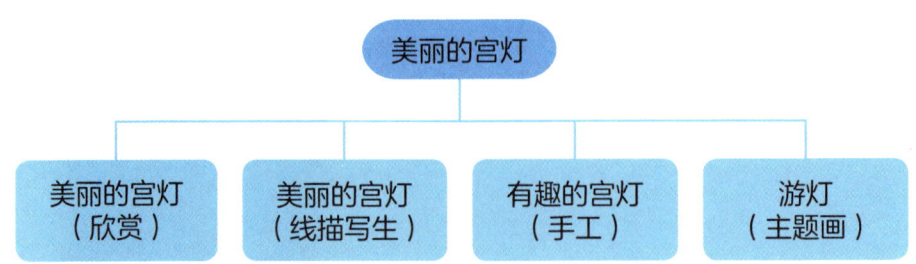

三、主题活动总目标

1. 欣赏、观察、交流各式宫灯，了解宫灯的文化内涵，激发对宫灯造型、图案的兴趣。

2. 通过写生、手工、主题画形式，围绕宫灯艺术进行创意表达，感受宫灯的文化魅力。

3. 了解宫灯文化，激发对中国传统工艺的热爱之情。

四、主题活动案例

案例一：美丽的宫灯（欣赏）

（一）活动目标

1. 欣赏宫灯，感受宫灯的艺术魅力。
2. 尝试用剪贴的方法装饰宫灯。
3. 体验创作活动的乐趣。

（二）活动准备

1. 经验准备。

（1）幼儿欣赏过中国传统剪纸作品，了解剪纸艺术的特点。

（2）幼儿学会剪纸，并能控制好剪刀。

2. 物质准备：半成品宫灯、棉签、剪刀、红色正方形亮光纸、抹布、胶水、花灯图片、宫灯装饰图制作演示PPT。

3. 环境创设：布置宫灯展。

（三）活动过程

1. 欣赏宫灯，感受特点。

（1）带幼儿参观宫灯展，引导幼儿观察宫灯造型和图案，了解宫灯的艺术

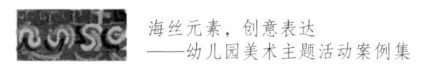

特点。

引导语：今天老师带你们参观宫灯，我们一起来看看宫灯是怎样的。

提问：你看到的宫灯是怎样的？这些宫灯都是什么颜色的？它们的形状是怎样的？有几个面？用什么来装饰？它们的装饰有什么特点？

（2）进一步感知宫灯的特点。

①幼儿尝试表达自己对宫灯造型的理解。

提问：刚才小朋友们看到了宫灯的造型，它有四个面，如果让你们合作用身体围成一个宫灯，你们会怎么做呢？谁愿意来试试？

②出示不同风格的花灯的图片，让幼儿找出宫灯，进一步感知宫灯的特点。

引导语：今天老师带来几幅画，我们一起来找找下面哪一幅是宫灯。你是怎样找出来的？宫灯的特点是什么？

（3）小结：中国传统的花灯有多种类型，今天我们欣赏的是宫灯。正统的宫灯造型分为四角形、六角形、八角形，相对的画屏贴的图案相同，各面画屏图案多为龙凤呈祥、福寿延年、吉祥如意等。

2. PPT演示，感知装饰效果。

（1）以PPT演示宫灯装饰图的制作过程。

引导语：猜猜看，古时是怎样装饰宫灯的？

图一：把正方形的纸对称折成想要的形状。

图二：用笔在折好的纸上画出想要的图案。

图三：用剪刀剪好图案后轻轻打开。

图四：用棉签蘸上胶水涂在纸的背面，粘贴到宫灯上。

图五：收拾好纸屑。

（2）启发思考，讲解要求。

引导语：你们想不想尝试装饰宫灯呢？

提出要求：①想办法让宫灯的面与面对称。②粘贴图案时一定要轻拿轻放，避免把纸张弄破。

3. 幼儿创作，教师指导。

幼儿自主创作，教师观察指导，鼓励幼儿大胆剪贴，提醒幼儿注意对称关系，涂胶水和粘贴时要小心，防止纸张破裂。

4. 展示作品，评价小结。

提问：你们喜欢哪盏宫灯？为什么喜欢？

案例二：美丽的宫灯（线描写生）

（一）活动目标

1. 以线描写生的方式描绘宫灯的主要特征。
2. 用点、线、图案等大胆地进行装饰。
3. 感受宫灯的造型美，激发对宫灯的兴趣。

（二）活动准备

1. 经验准备。
（1）让家长带领幼儿了解宫灯的相关知识。
（2）元宵节请家长带幼儿观赏宫灯。
（3）幼儿有用点、线、图案装饰的经验。
2. 物质准备：宫灯展邀请卡、画板、勾线笔、画纸。
3. 环境创设：师生共同收集各种各样的宫灯在教室布置宫灯展。

（三）活动过程

1. 参观引入，激发兴趣。
（1）引导语：今天我们要去参观宫灯展，老师带来了一张特别的邀请卡。你们能找到邀请卡上面的宫灯是哪一盏吗？看看它是什么样子的。
（2）幼儿根据教师提供的邀请卡观赏宫灯。
2. 观察特征，大胆表述。
（1）引导语：我很喜欢这盏宫灯，我想给它拍照。你们觉得怎样拍照好看？
（2）提问：你想给宫灯拍张照吗？站在哪里拍好呢？
（3）请幼儿站在不同角度看看宫灯有什么变化，让幼儿用手指围出一个"取景框"观察宫灯。
（4）提问：通过观察你发现了什么？你从这个角度看到的宫灯是怎样的？

换个角度看到的宫灯又是怎样的呢?

（5）小结：有的人只看到宫灯的一个面，有的人看到宫灯的两个面……从不同角度观察到的宫灯是不一样的。

（6）引导幼儿讨论作画的要点。

引导语：今天你来当摄影师，怎样才能把宫灯拍得完整又漂亮呢?

小结：选取一个喜欢的角度仔细观察宫灯的造型和装饰，作画时用点、线、图案进行装饰。

3.幼儿作画，教师指导。

（1）介绍材料：用勾线笔帮宫灯"拍照"。

（2）提出要求：①找出宫灯最好看的角度。②认真观察宫灯的造型和装饰。③用点、线、图案大胆地装饰宫灯。

（3）幼儿作画，教师指导。

教师引导幼儿认真观察宫灯的主要特征及造型，并用点、线、图案装饰宫灯。

4.展示作品，欣赏交流。

引导语：你最喜欢哪一张"宫灯照片"？请你把五角星送给它，并说说为什么喜欢这张"照片"。

案例三：有趣的宫灯（手工）

（一）活动目标

1. 感受宫灯的色彩美、图案美，萌发热爱家乡传统艺术的情感。
2. 尝试运用包、搓、团、压、粘等方法制作宫灯。
3. 体验用各种材料制作、装饰宫灯的乐趣，享受成功的喜悦。

（二）活动准备

1. 经验准备：幼儿已了解宫灯的色彩和图案。
2. 物质准备：宫灯若干、长方体泡沫、各色超轻泥、亮片、红绸绳、筷子、竹签、彩色纸皮、皱纹纸、彩色珠子、泥工板、剪刀、游灯视频等。

（三）活动过程

1. 观看游灯视频，激发幼儿制作宫灯的兴趣。

提问：看到游灯这么好玩，你们想参与吗？视频里的宫灯有几个面？用什么来装饰？装饰有什么特点？如果让你来做宫灯，你会用什么材料来制作？

小结：宫灯有四个面，相对的画屏贴的图案都是一样的，画屏图案多为龙凤呈祥、福寿延年、吉祥如意等。装饰宫灯的方法很多，我们今天准备了长方体泡沫、超轻泥、亮片、筷子、彩色纸皮、皱纹纸、彩色珠子等装饰宫灯的材料。

2. 出示宫灯，欣赏宫灯的不同造型及图案。

提问：你觉得这些宫灯美吗？美在哪里？你最喜欢哪个宫灯？它的镂空图案是什么样子的？

小结：小朋友们喜欢的宫灯都不一样，不同宫灯镂空的图案都是不一样的。

3. 介绍材料，提出要求。

（1）引导语：今天老师为小朋友们准备了很多材料，你们可以自由选择材料制作自己喜欢的宫灯。

（2）提出要求：①认真观察宫灯造型及其装饰图案。②运用包、搓、团、压、粘的方法及各种辅助材料进行制作。③使用超轻泥时注意不要把颜色混在一起。

4. 幼儿制作，教师指导。

引导幼儿先观察后制作，用各种技法装饰宫灯；提醒幼儿注意设计有一定寓意的装饰图案。

5. 展示作品，欣赏分享。

请幼儿欣赏宫灯，介绍自己宫灯上图案的寓意。

引导语：你为宫灯设计了什么装饰图案？这个图案有什么寓意？向你的小伙伴介绍一下。

6. 活动延伸。

引导幼儿在区域活动中继续制作宫灯。

   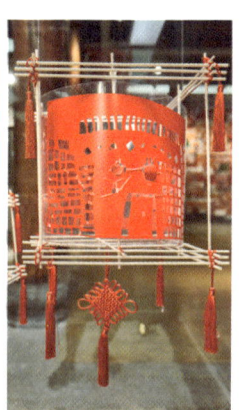

案例四：游灯（主题画）

（一）活动目标

1. 运用增添背景、情节的方法丰富画面，表现游灯的热闹场景。
2. 加深对家乡风俗的认识，萌发爱家乡的情感。

（二）活动准备

1. 经验准备。

（1）让幼儿向家长了解晋江的游灯风俗。
（2）观看游灯的视频，激发幼儿对家乡民俗活动的兴趣。
（3）请家长带幼儿参加家乡的游灯活动。
2. 物质准备：家乡游灯的图片、视频资料，画板，画纸，马克笔。

（三）活动过程

1. 谈话回忆。

（1）引导语：你参加过游灯活动吗？参加游灯活动的心情怎样？游灯时会做什么事情？

（2）师幼共同观看游灯视频。

（3）提问：人们是怎样游灯的？游灯的时候，你看到了什么？人们的心情是怎样的？

（4）小结：游灯的时候人们看着各式各样的花灯，边看边讨论，心情很好，脸上的表情都是笑笑的。

2. 构思创作。

（1）引导语：你最喜欢游灯活动中的哪个情景？

（2）小结：游灯时路上有很多的灯笼，还有很多人在赏灯，热热闹闹，欢欢喜喜的。

（3）提问：如果让你画游灯的情景，你会怎样画呢？

（4）提出要求：①画出游灯时热闹欢快的氛围。②喜欢的灯和人物可以画得大一些。

（5）幼儿创作，教师指导。

指导幼儿更好地再现游灯情景。根据幼儿的水平差异，教师进行个别指导。

3. 交流分享。

（1）提问：你画的是谁？在哪里游灯？发生了什么事情？

（2）请画完的幼儿向同伴介绍画面所表现的游灯情节。

4. 活动延伸。

引导幼儿在区域活动中继续画"游灯"。

五、主题活动小结

《3～6岁儿童学习与发展指南》中提到大班幼儿应该具备以下能力：乐于收集美的物品或向别人介绍所发现的美的事物；艺术欣赏时常常用表情、动作、语言等方式表达自己的理解；能用多种工具、材料或不同的表现手法表达自己的感受和想象。以"美丽的宫灯"为主题开展的一系列美术活动，通过幼儿熟悉的事物，让幼儿获得美的感受与技能的提高。

（一）主题渲染，经验积累

在主题背景下开展美术活动，具有综合性、开放性的优点。教师确定主题后营造出浓厚的氛围，幼儿围绕主题收集材料、参与活动、讨论分享等，不断地积累相关的知识经验，为美术活动打好基础。

（二）开展"递进式"美术活动

主题活动包含欣赏、写生、手工、主题画四个类别。欣赏活动让幼儿全面地了解宫灯的外形特征、装饰图案及其寓意等，并用简单的剪纸粘贴方法装饰宫灯；写生活动让幼儿能以相对简单的方式较完整地画出宫灯的基本形态，并用点、线、图案进行装饰；手工活动在绘画的基础上，让幼儿通过手工来表现自己喜欢的宫灯，要求更细腻，表现手法更加丰富；主题画活动让幼儿得以呈现最丰富的画面，使幼儿的表现力得到最好的发挥。

（三）选材生活化

幼儿的学习要源于幼儿的生活，以生活为基础，建立在生活之上。宫灯是幼儿生活中常见的艺术品，每年泉州地区在正月十五都会举办灯会，吸引众多的人参加，特别是晋江五店市的灯会，每年都有幼儿和家长的亲子作品参加展览。宫灯是幼儿能在生活环境中感知到的艺术品，以"美丽的宫灯"作为美术活动主题，有助于提高幼儿感受美、创造美的能力。

（四）注重幼儿个性化的情感表达与创作

《幼儿园教育指导纲要》强调，艺术活动"应支持幼儿富有个性和创造性的表达，克服过分强调技能技巧和标准化要求的偏向"。"美丽的宫灯"系列活动中，教师通过开放式提问以及不同的工具支持幼儿富有个性的情感表达与创作。

六、资料链接

（一）宫灯

宫灯顾名思义是皇宫中用的灯，以细木为骨架，镶以绢纱和玻璃，表面绘有各种图案，它以雍容华贵、充满宫廷气派而闻名于世。由于长期为宫廷所用，除去照明功能外，还要配上精细复杂的装饰，以显示帝王的富贵和奢华。

（二）花灯

花灯，又名灯笼。花灯是起源于中国的一种传统民间工艺品，在古代，其主要作用是照明，由纸或者绢作为灯笼的外皮，骨架通常使用竹或木条制作，中间放上蜡烛，成为照明工具。受中华文化影响，在亚洲华人聚居地区以及许多国家的庙宇中，花灯也是相当常见的物品。

花灯是中国农耕时代文化的产物，兼具生活功能与艺术特色。它酬神娱人，是中华民族民俗文化的瑰宝，现代社会多于春节、元宵等节日悬挂，为佳节喜日增光添彩，祈求平安。

关于元宵节点灯习俗的由来有两种说法。其一，元宵节是中国的传统节日，早在2 000多年前的西汉就有了，元宵赏灯始于东汉明帝时期。明帝提倡佛教，听说佛教有正月十五僧人观佛舍利、点灯敬佛的做法，就命令这一天夜晚在皇宫和寺庙里点灯敬佛，令士族庶民都挂灯。以后这种燃灯习俗随着佛教文化影响的扩大逐渐在中国扩展开来。其二，元宵燃灯的习俗起源于道教的"三元说"。正月十五为上元节，七月十五为中元节，十月十五为下元节。主管上、中、下三元的分别为天、地、人"三官"，天官喜乐，故上元节要燃灯。

（活动设计：许心心）

刺桐港的西方教堂

（大班）

一、主题由来

　　艺术来源于生活，又高于生活。根据《幼儿园教育指导纲要》，在幼儿艺术教育中，要充分利用自然资源和社区教育资源因地制宜实施教育活动，引导幼儿实际感受祖国文化和民间艺术的丰厚积淀，开阔幼儿的视野，激发幼儿感受美、表现美的兴趣，丰富他们的审美经验，使其体验自由表达和创造的快乐。本次活动设计来源于省级课题"闽南侨乡文化资源在幼儿园美术课程中的运用研究"。泉州是海上丝绸之路的起点，亦是著名的侨乡。闽南华侨在与家乡长期的互动交流中，不仅带动了家乡的经济发展，也影响了其文化变迁，使其形成了独特的"以中国传统文化为主，以外来文化为辅，兼容本土文化与外来文化"的闽南侨乡文化。幼儿在对家乡侨乡文化的认识中对建筑产生了浓厚的兴趣。本次活动以哥特式教堂建筑作为切入点，开展一系列的美术创作活动，让幼儿在欣赏、感知的过程中，对哥特式建筑风格有更进一步的认识，充分唤起心中创作的欲望；引导幼儿通过绘画、手工等形式来表现西方教堂的特色装潢，获得积极的、成功的、美的艺术体验。

二、主题网络

```
        刺桐港的西方教堂
    ┌───────┬────────┬────────┐
我眼中的大教堂  玫瑰花窗   玻璃瓶上的玫瑰花窗  教堂里的镶嵌画
（线描写生） （胶片画）    （装饰画）      （镶嵌画）
```

三、主题活动总目标

1. 通过参观、交流、欣赏等活动，初步认识西方哥特式教堂的特色建筑美，对其建筑中的装饰艺术产生兴趣。

2. 能用写生、手工等方式大胆地表现玫瑰花窗及教堂中的镶嵌画等，提高感受美、表现美的兴趣和能力。

3. 通过对西方教堂建筑中艺术文化的了解，感受中西文化交融的侨乡文化，激发热爱家乡的情感。

四、主题活动案例

案例一：我眼中的大教堂（线描写生）

（一）活动目标

1. 能通过仔细观察感知哥特式教堂尖、高、直的基本特征。
2. 能自主地用线条表现教堂的特征，用线条进行装饰。
3. 感受哥特式教堂的造型美，体验户外写生的乐趣。

（二）活动准备

1. 经验准备：幼儿在家长的带领下查阅哥特式教堂的有关资料，对哥特式教堂有初步了解。

2. 物质准备：画板、牛皮纸、勾线笔。

3. 环境准备：事先选择好写生的地点。（泉州花巷天主教堂）

（三）活动过程

1. 谈话激趣。

引导语：我们都知道泉州是海上丝绸之路的起点，古时候有许多外国人来这里做生意，因此我们泉州也有许多外来风格的建筑。今天我们来到泉州花巷的天主教堂，它是哥特式的教堂建筑，我们一起去看看吧。

2. 提出要求。

（1）认真观察教堂的外形特征。

（2）不离开集体单独行动，必须在指定的地点观察等。

3. 实地观察。

组织幼儿参观教堂，引导幼儿注意从教堂的外形轮廓、特色建筑构件等方面观察教堂的造型特点，并主动与同伴交流自己的发现。

4. 写生表征。

（1）引导幼儿根据自己的兴趣，选择喜欢的角度进行写生。

引导语：刚才我们参观了这座非常有特色的哥特式大教堂，发现了大教堂尖、高、直的造型特点，也看到漂亮的玫瑰花窗和镶嵌画，现在请你们选择一个自己喜欢的地方，把它画下来。

（2）提出写生要求：①选择喜欢的角度仔细观察。②用线条把看到的教堂画下来。

（3）幼儿写生，教师指导。

重点指导幼儿用粗细不同的线条画出哥特式教堂尖、高、直的外形特征，提醒幼儿在写生过程中用线条装饰。

5. 与教堂合影。

组织幼儿与教堂合影。

6. 活动延伸。

将幼儿与教堂的合影以及幼儿的写生作品布置在班级中，引导幼儿欣赏、交流，并大胆地向同伴介绍自己的作品。

案例二：玫瑰花窗（胶片画）

活动视频二维码

（一）活动目标

1. 运用中心对称的方法，设计彩色花窗的图案。
2. 体验在塑料胶片上创作的乐趣，感受花窗艺术的特色美。

（二）活动准备

1. 经验准备：幼儿对西方哥特式教堂建筑的花窗有初步的认识。
2. 物质准备：各种玫瑰花窗的图片、电子邀请函、塑料胶片、水彩笔、马克笔、锡纸、白色 KT 展板。

（三）活动过程

1. 以邀请函引入激趣。

引导语：今天，老师收到一封邀请函，我们一起来看看是谁寄过来的。（出示电子邀请函）原来是大教堂要进行修复，想请小朋友们帮助设计一款美丽的玫瑰花窗。教堂的管理人员还为小朋友们送来了一些参考的图片，我们一起去看看吧。

2. 幼儿自由观察、欣赏。

引导幼儿观察、欣赏各种玫瑰花窗的图片，发现玫瑰花窗中心对称的装饰特点及色彩、图案丰富的纹样。

3. 幼儿交流分享自己的发现。

提问：你喜欢哪种玫瑰花窗？你觉得它美在哪里？这些玫瑰花窗有什么相同的地方？

小结：彩色的玫瑰花窗在西方建筑中基本都用在教堂里。玫瑰花窗都是圆形的，以中心对称的方法进行装饰，主要搭配人物、花卉等图案，以蓝色、红色、绿色为主色调。当阳光照射进来时，整个花窗看起来五彩缤纷，美轮美奂。

4. 幼儿创作，教师指导。

（1）引导语：今天请小朋友们当一回小小设计师，为大教堂设计一款美丽的玫瑰花窗。

（2）幼儿尝试设计玫瑰花窗。（采用希沃白板让幼儿尝试拖动图案装饰花窗）

引导语：谁愿意来尝试用中心对称的方法给这个玫瑰花窗装饰上漂亮的图案？

（3）介绍操作材料及方法。

（4）提出创作要求：①用中心对称的方式设计出自己喜欢的花窗。②为花窗搭配美丽的色彩。③注意保持画面的干净整洁。

（5）幼儿创作，教师巡回指导。

引导幼儿用中心对称的方式进行创作，提醒幼儿注意图案和颜色的搭配。

5. 展示幼儿作品，相互欣赏、交流。

引导语：你最喜欢哪个小朋友设计的玫瑰花窗？为什么？

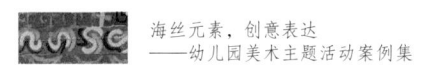

案例三：玻璃瓶上的玫瑰花窗（装饰画）

（一）活动目标

1. 大胆想象，尝试运用简单的线条、图案进行构图，装饰玻璃瓶。
2. 感受利用废旧瓶子进行装饰的创作乐趣，增强环保意识。

（二）活动准备

物质准备：玻璃画颜料、水粉笔、透明玻璃瓶、PPT课件"美丽的玻璃瓶"。

（三）活动过程

1. 谈话激趣，引入主题。

引导语：上次我们一起为大教堂设计了美丽的玫瑰花窗，发现彩色的玫瑰花窗在阳光的照射下非常漂亮。如果我们将透明的玻璃瓶也画上玫瑰花窗，你们觉得瓶子会变成什么样呢？

2. 感受与欣赏。

引导语：今天老师给小朋友们带来了许多玻璃瓶画的图片，我们一起来看看。（PPT展示）

提问：你喜欢哪个玻璃瓶？你觉得这个瓶子哪里看起来很美？如果请你来装饰，除了用中心对称的方法还可以用什么方法？

小结：这些玻璃瓶有的装饰着美丽的花卉图案，有的是用线条与颜色搭配进行装饰。我们可以用中心对称的方法，也可以用ABAB式的排列方法进行装饰。亮丽的色彩和漂亮的图案把废旧的玻璃瓶变得十分美丽，在小彩灯的照射下闪现出斑斓的光彩。

3. 大胆想象，创意表达。

（1）介绍材料。

引导语：今天老师给小朋友们准备了有趣的玻璃画颜料和废旧的玻璃瓶，请小画家们来把这些废旧的玻璃瓶变成漂亮的艺术品。

（2）提出要求：①大胆想象，用自己喜欢的线条、图案装饰瓶子。②采用中心对称或 ABAB 式的排列方法进行装饰。③装饰的时候，注意色彩的搭配。

（3）幼儿创作，教师巡回指导。

重点指导幼儿用线条或图案有规律地装饰瓶子，提醒幼儿装饰时注意构图和颜色的搭配，提醒幼儿颜料未干时不要用手去触碰。

4. 展示交流。

幼儿将作品展示在作品台上，教师引导幼儿相互欣赏交流。

案例四：教堂里的镶嵌画（镶嵌画）

（一）活动目标

1. 感受镶嵌画独特的美感，体验镶嵌创作的乐趣。

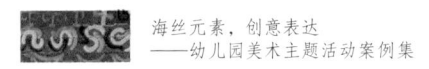

2. 尝试使用渐变色及马赛克镶嵌的方法表现向日葵。

（二）活动准备

1. 经验准备：幼儿欣赏过镶嵌画，初步了解镶嵌画的特点和装饰方法。
2. 物质准备：课件"教堂里的镶嵌画"、花瓶的底图、黄色和绿色系的马赛克、酒精胶、湿巾、珠光笔。

（三）活动过程

1. 出示"教堂里的镶嵌画"课件引入激趣。

引导语：这是我们之前参观的哥特式教堂里的装饰画，你们觉得它美吗？它是怎样制作出来的？

小结：这是哥特式教堂里经常可以看到的镶嵌画，它是用一些彩色玻璃小方块拼贴镶嵌制作而成的。

过渡语：今天，教堂管理员邀请小朋友们也来制作一幅《向日葵》镶嵌画。

2. 引导幼儿观察凡·高画作中向日葵的形态和色彩。

提问：我们之前欣赏过凡·高的《向日葵》，你觉得可以用哪些方法来制作《向日葵》镶嵌画？

小结：制作的时候可以将向日葵设计得很大，看起来就有强烈的视觉效果。还可以运用深浅不同的近似色来表现向日葵，让向日葵看起来更加漂亮。

3. 幼儿创作，教师指导。

（1）介绍材料。

（2）提出要求：①画两三朵向日葵并运用渐变的色彩进行装饰。②运用马赛克镶嵌制作向日葵时，应注意方块与方块间留有缝隙。③认真地进行装饰，保持桌面和底板的整洁。

（3）幼儿制作，教师巡回指导。

重点指导幼儿镶嵌的方法，提醒幼儿将向日葵画得大一些并用渐变的色彩装饰向日葵，装饰时注意保持桌面和底板的整洁。

4. 展示作品，教师评价。

教师针对幼儿画中的马赛克镶嵌装饰方式进行评价。

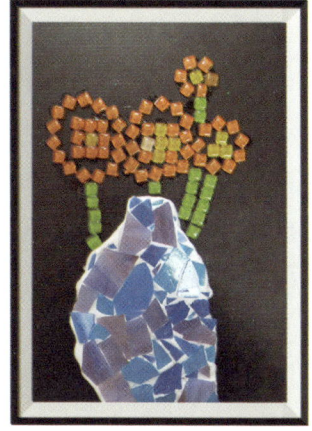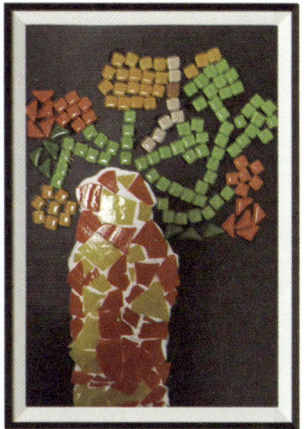

五、主题活动小结

哥特式教堂中玫瑰花窗和镶嵌画的美是最为吸引孩子的。主题活动围绕教堂中的装饰艺术美开展教学，从整体欣赏到局部创作，再到拓展创意表达，由易到难，由浅入深。在创作中，幼儿在轻松的气氛中作画，没有拘束和顾虑，虽然作品图案简单、线条扭曲，却有神似胜过形似的优点。幼儿在欣赏和表现教堂特色建筑构件的基础上感受家乡中西结合的侨乡文化，激发爱家乡的情感和艺术表现欲望。

在目标的制定上，依据大班幼儿的年龄特点和实际能力制定了认知、技能、情感方面的总目标，并在各个活动中将目标进一步细化，使之更好地得到落实。

在表达与创作上，从欣赏到创作，层层推进，让幼儿对教堂中的玫瑰花窗、镶嵌画等充分地感知和认识，进而在感知的基础上去进行创作和表达。

六、资料链接

（一）哥特式建筑

是一种兴盛于中世纪高峰与末期的建筑风格。哥特式建筑的特色包括尖形拱门、肋状拱顶与飞拱。哥特式建筑的整体风格为高耸瘦削，以卓越的建筑技艺表现了神秘、哀婉与崇高，对后世其他艺术均有重大影响。

（二）玫瑰花窗

哥特式建筑的特色之一，指教堂正门上方的大圆形窗，内呈放射状，镶嵌着美丽的彩绘玻璃，因为外观类似玫瑰花形而得名。著名的玫瑰花窗有法国巴黎圣母院的玫瑰花窗等。玫瑰花窗为教堂中彩色玻璃窗的一种，由于它的位置而成为装饰的重点。阳光照耀在玫瑰花窗上，把教堂内部渲染得五彩缤纷；忽明忽暗的光线透过花窗产生斑驳陆离的光影，让人有一种恍若隔世的感觉。

（三）镶嵌画

用有色石子、陶片、珐琅或有色玻璃小方块等嵌成的图画。主要用以装饰建筑物天花板、墙壁和地面。起源于古代东方，后希腊、罗马亦加以普遍应用。近代建筑亦常用此形式来做壁面装饰。我国镶嵌画常见应用于建筑装饰，以陶瓷镶嵌壁画最为流行。

（活动设计：何秋红）

蟳埔簪花围
（大班）

一、主题由来

蟳埔女以其勤劳贤惠的美德及独特的簪花围头饰而闻名遐迩，其服饰极具"海丝"遗风，她们头上戴的簪花围是用花苞、花蕾串环，以发髻为圆心，圈戴在脑后，再插上几朵艳丽的大花和象牙筷，犹如一座春意盎然的小花坛。《幼儿园教育指导纲要》指出，幼儿艺术教育应引导幼儿接触周围环境和生活中美好的人、事、物，丰富他们的感性经验和审美情趣。"蟳埔簪花围"主题活动立足本土文化，充分挖掘本土文化资源，融入幼儿园美术课程中，以幼儿感兴趣的蟳埔簪花围为载体，让幼儿与民间文化艺术对话，实施感受—体验—理解—想象—创造的生活美术教育。活动旨在通过欣赏感受簪花围的艺术美，用绘画、泥塑等方式创造性地表现簪花围，让幼儿在体验创作乐趣的同时了解家乡的民间文化艺术，萌发作为一名泉州人的自豪感。

二、主题网络

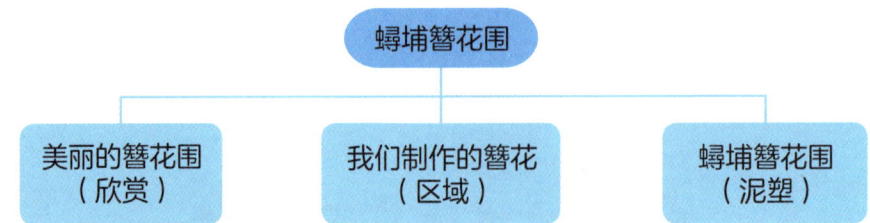

三、主题活动总目标

1. 通过参观、欣赏等活动，感受蟳埔簪花围富有民间风情特色的艺术美。
2. 尝试用线描、手工等多种方式创意表现蟳埔簪花围，提高感受美、表现美的能力。
3. 通过认识了解簪花围感受海丝文化特点，激发热爱家乡的情感。

四、主题活动案例

案例一：美丽的簪花围（欣赏）

（一）活动目标

1. 欣赏、感受簪花围的美感，了解其寓意。
2. 尝试运用线描的方式表现簪花围，体验创作的乐趣。

（二）活动准备

1. 经验准备：幼儿在家长或教师带领下到蟳埔参观游览或查阅相关资料，对簪花围有初步的了解。
2. 物质准备：课件"美丽的簪花围"、幼儿收集的簪花围的照片、画板、牛皮纸、勾线笔。

（三）活动过程

1. 谈话激趣，引入主题。

引导语：上次我们一起去蟳埔参观，你们看到了什么？有什么特别的地方？

2. 交流分享，初步感受簪花围的特色之美。

幼儿交流分享收集的簪花围的照片，教师重点启发幼儿说出簪花围的特色。

3. 欣赏感受，了解簪花围的色彩美和造型美。

引导语：今天老师也带来了几张簪花围的图片，我们一起来看看这些簪花围。（课件展示）

提问：你最喜欢哪个簪花围？你觉得它好看吗？为什么？

小结：蟳埔簪花围都是圆形的，中间都穿有一支骨簪，另用鲜花的花苞或花蕾串成花环，以发髻为圆心，有规律地一环一环地圈戴装饰在脑后，鲜花姹紫嫣红，花团锦簇，像一座春意盎然的小花坛。簪花围代表吉祥如意，所以蟳埔女在喜庆的日子都会戴上簪花围。

4. 创意表达，尝试用线描表现簪花围的造型美。

（1）引导语：蟳埔的簪花围真美呀！小朋友们可以把它画下来送给蟳埔的阿姨吗？

（2）提出要求：①尝试以线描的方式用点、线、面等创造性地表现簪花围的特征。②有规律地装饰，表现簪花围独特的造型美。

（3）幼儿创作，教师指导。

鼓励幼儿创意表达，重点指导幼儿以线描的方式表现出簪花围的规律美和造型美。

5. 创意展示，分享交流。

以"簪花围作品展"展示幼儿作品，分享交流。

案例二：我们制作的簪花（区域）

（一）活动目标

1. 尝试用团、压、绕等技法创意制作各种簪花，并能用线描装饰骨簪。

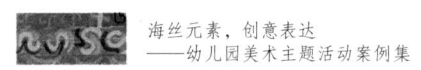

2. 感受闽南非物质文化遗产的艺术之美，用自己喜欢的方式大胆地表现和创作。

（二）活动准备

物质准备：木质长筷，黑色记号笔，红、黄、蓝、绿、白、玫红等颜色的超轻泥，泥工板，泥工辅助材料。

（三）分组指导要点

1. 第一组：重点指导幼儿用点和线装饰骨簪。
2. 第二组：重点指导幼儿用团、压、绕等技法制作各种不同造型的簪花，提醒幼儿注意颜色的搭配。

案例三：蟳埔簪花围（泥塑）

（一）活动目标

1. 能运用搓长、团圆、压扁、围合等泥塑技法塑造簪花围的基本造型。
2. 感受簪花围色彩的搭配、装饰图案的变化并大胆表现。
3. 体验泥塑创作活动的乐趣。

（二）活动准备

1. 经验准备。
（1）幼儿初步欣赏蟳埔簪花围，了解其基本结构，对民俗文化有基本的了解。
（2）幼儿能用泥塑的方法制作向日葵、菊花等。
2. 物质准备：展示簪花围及泥塑制作步骤的课件、教师制作的作品示例、超轻泥、线描画装饰的筷子、喷漆的小帽子、夹子等。

（三）活动过程

1. 欣赏簪花围图片，激发制作兴趣。

引导语：簪花围美在哪里？为什么觉得它美？

2. 结合课件，感受艺术造型。

（1）观看课件，引导幼儿用优美的词语形容簪花围。

（2）结合作品示例，引导幼儿观察花的造型及排列方式，感受簪花围的造型美、色彩美。

3. 教师讲解示范，幼儿掌握制作方法。

（1）教师讲解示范。

结合课件让幼儿了解用超轻泥制作簪花围的步骤，重点示范帽檐围泥、压紧的技法。

（2）提出要求：①要注意色彩的搭配，大胆选用对比色或相近色进行围合。②合作创作，大胆表现簪花围的独特造型。

4. 想象创造，塑造簪花围造型。

（1）引导幼儿运用搓长、团圆、压扁、围合等技法塑造簪花围的外形。

（2）鼓励幼儿有规律并创造性地排列花朵。

（3）提醒幼儿注意表现簪花围的细节部分。

5. 表演欣赏，展示艺术魅力。

引导幼儿用夹子将做好的簪花围戴在头上，随音乐进行表演，创造性地展示作品。

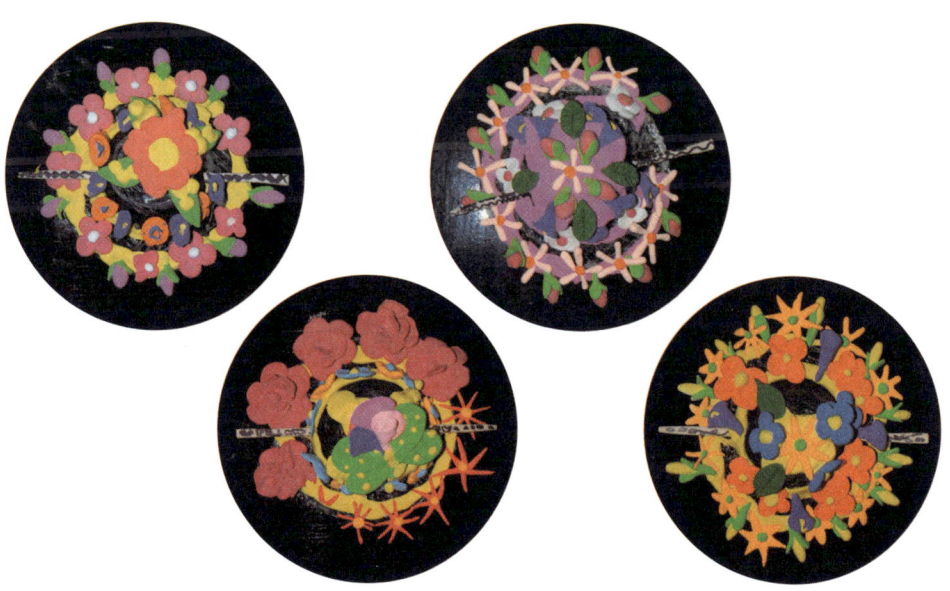

五、主题活动小结

（一）在传承中创新——内容选材本土化

蟳埔女的服饰极具"海丝"遗风，是海上丝绸之路历史的见证。蟳埔女佩戴的簪花围是其服饰的一大亮点，幼儿在蟳埔参观时被这"头顶上的花园"深深吸引。主题活动在引导幼儿欣赏簪花围的同时，激发幼儿的创作热情，培养幼儿热爱家乡的情感。

（二）在兴趣中启发——环节设置递进化

活动中教师根据幼儿的兴趣，适时地启发支持，促进幼儿发展。幼儿年龄小，对事物充满好奇，但对事物的关注随意性较大，可以说是由着兴趣来。教育活动的价值应是让幼儿在参与的过程中获得不同程度的发展，主题活动中设置了欣赏—感受—体验—理解—想象—创造等环节，引导幼儿在欣赏中创作，在体验中表达，幼儿用喜欢的方式，表达自己对簪花围的不同认识。活动设计使每个幼儿的能力水平在原有的基础上都有所提升，促进幼儿发展，体现《3～6岁儿童学习与发展指南》的精神。

（三）在引导中支持——表现形式艺术化

教师有效的引导，是提升幼儿创作技能的基石。在创作簪花围的过程中，花朵的造型塑造、内外三圈的花朵围合，对幼儿来说有一定的难度，如何让幼儿在充分感受体验的基础上创意表达，教师的引导支持显得尤为重要。活动中，教师启发幼儿关注簪花围装饰上的独特之处，通过引导，鼓励幼儿迁移生活经验，运用搓长、团圆、压扁、围合等技法塑造簪花围的外形，将各种花朵有序组合，创意表达。幼儿的作品稚气又灵动，运用黑毡帽和线描画装饰的骨簪进行创意组合，显得艳丽又古朴。活动中，幼儿的创意展示体现艺术的融合，将活动推向高潮，更让我们感受到蟳埔女头上"流动的花园"的动态美和艺术美，彰显美术活动的核心价值。

六、资料链接

蟳埔女亦称蟳埔阿姨，与惠安女、湄洲女并称为福建三大渔女。蟳埔女主要分布在泉州丰泽区东海街道蟳埔、金崎、后埔、东梅等社区。蟳埔保留了许多闽南传统习俗，有独特的婚庆节俗、过年节俗、祭祀仪式，其中以"半夜出嫁"的婚俗、"妈祖巡香"的祭祀仪式最为突出。

蟳埔女的服饰、头饰、耳饰文化别具一格，它们因蟳埔特定的环境、独特的地理位置而形成了深厚的历史积淀。大裾衫、阔脚裤，这些闽南渔女特有的装束体现着海边生产劳作的特点。头饰"簪花围"中常用的素馨花、含笑花、粗糠花，据说是宋元时期阿拉伯人从西域带来移植于当地的，流露出异域文化的气息。蟳埔女的发髻和花饰在不同年龄间无区别，而耳饰则不同，未婚女孩戴的耳环不加耳坠，结了婚的戴加耳坠的耳环，做祖母的则戴"老妈丁香坠"的耳环。蟳埔女戴何种耳环成为不同辈分的区分。

（活动设计：尤斐尔）

 # 神秘的门环

（大班）

一、主题由来

在古时候，闽南人如果在外获取功名或赚到了大钱，荣归故里，都要在老家"置田地、起大厝"。而在一幢大厝中，门就是古厝厝主的脸面。但凡稍有些脸面的古厝厝主，都要为自家大门请守护神。而所谓的请守护神，除了将门神直接置于门主体醒目位置上之外，门环，亦是守护神的常驻之地。门环神秘而古朴，闽南一些老门环具有珍贵的历史和艺术文化价值，然而新生代对这些古饰物并不了解。《3~6岁儿童学习与发展指南》中提到"和幼儿一起感受、发现和欣赏自然环境和人文景观中美的事物"。本次主题活动从传统文化出发，结合课题"闽南侨乡文化资源在幼儿园美术课程中的运用研究"，选择幼儿生活中能见到的物品——门环，让幼儿更加深入地了解家乡的古建筑、古饰物的特点以及其中的寓意，让幼儿去发现生活中事物的美，激发幼儿对传统文化的兴趣。活动尝试让幼儿通过线描、泥塑形式大胆表现对古厝门环的认识，不仅丰富了幼儿进行艺术创作的形式，满足了幼儿的表现欲望，而且激发了幼儿发现美、表现美的意识，提高了幼儿创造美的能力。

二、主题网络

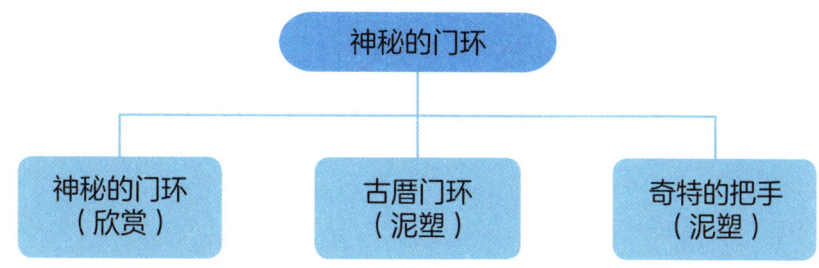

三、主题活动总目标

1. 通过寻找、查询、交流、欣赏等活动，更加深入地了解家乡古建筑中古饰物的特点及其寓意。

2. 运用线描、泥塑等形式大胆表现对古厝门环的认识，激发发现美、表现美的意识，提高创造美的能力。

3. 通过对不同古厝门环的了解，激发对传统文化的兴趣。

四、主题活动案例

案例一：神秘的门环（欣赏）

（一）活动目标

1. 欣赏各种古厝门环，了解古饰物的特点，感受其造型美。
2. 能用自己喜欢的方法表现门环，体验美术活动的乐趣。

（二）活动准备

1. 经验准备：请家长带幼儿寻找古厝的门环，引导幼儿初步了解门环的造型及特点。

2. 物质准备：水彩笔、美术纸、视频《古厝》、展示不同造型古厝门环

55

的 PPT。

（三）活动过程

1. 欣赏视频《古厝》引入，激发幼儿的兴趣。

引导语：今天老师带来了一段视频，请小朋友看一看，说一说你从视频中发现了什么。

小结：古厝的大门上都安装着一个拉手，这个拉手就叫作门环。

2. 播放 PPT，引导幼儿观察欣赏门环，感受门环的艺术美。

（1）结合 PPT，引导幼儿观察门环的形状，发现其造型美、图案美。

引导语：老师还收集了一些门环的照片，我们一起来看一看，找一找你最喜欢哪个门环，并记住它的样子。

提问：你最喜欢哪个门环？它是什么样子的？它美在哪里？

小结：门环的造型有多种，有圆形、六边形等几何形状的门环，还有的门环以双凤、羊头、虎头、狮头作铺首，兽目怒睁，露齿衔环，显得十分威严。

（2）结合 PPT，引导幼儿观察欣赏门环的色彩美。

引导语：这些门环除了造型不一样，还有什么不一样？我们再一起来看一看。

小结：门环常以金属制成，有红色门环、绿色门环、黑色门环……门环不同的颜色代表着不一样的等级。

3. 出示花瓶、神兽等造型门环的图片，引导幼儿进一步观察欣赏门环独特的造型美，感受其蕴含的意义。

引导语：刚才我们发现了门环的不同颜色代表着不同的等级，你们知道不同造型的门环，它们分别代表的意思是什么吗？我们一起再来看看。

提问：谁来说说你看到的门环的造型像什么？代表什么意思？

小结：门环的形状有的像花瓶，代表希望全家平平安安；神兽很凶猛，代表希望神兽能保护全家。不同造型的门环代表着不一样的意思。

总结：门环不仅能用来敲门，还能装饰大门，不同的门环造型代表着不一样的意思。

4. 启发幼儿思考，提出创作要求。

（1）引导语：五店市正准备为古厝制作门环，请我们帮忙设计，今天老师准备了纸和水彩笔想请每个小朋友都来当设计师。如果你设计的门环造型最独特、最有意思，他们将按照你的设计图纸制作出真的门环。

（2）提出要求：①动笔前想好要设计什么造型的门环。②用自己喜欢的线条及图案作画。

5. 幼儿创作，教师指导。

鼓励幼儿根据自己的想法设计，画出不同造型的门环。

6. 展示幼儿作品，互相欣赏交流。

7. 活动延伸。

在美工区提供各种门环的图片及辅助材料，引导幼儿用辅助材料进行装饰，创作自己喜欢的门环。

案例二：古厝门环（泥塑）

活动视频二维码

（一）活动目标

1. 欣赏古厝门环的纹样及造型，进一步感知其寓意。
2. 尝试运用压、搓、团、捏、盘等技法大胆塑造各种门环造型。
3. 能积极参与泥塑创作活动，感受创作的乐趣。

（二）活动准备

1. 经验准备：幼儿已参观过古厝，并了解门环的基本结构、作用及寓意。
2. 物质准备：黑色超轻泥、金色颜料、笔、泥塑工具、底板人手一张、展板、门环图片、展示门环的课件、背景音乐等。

（三）活动过程

1. 欣赏图片，回忆经验。

引导语：老师把上一次小朋友们收集来的门环图片展示在屏风上，你们看一看，最喜欢哪个门环？和身边的小朋友说一说不同的门环代表着什么意思。

小结：门环不仅造型各异，还代表着不同的意思。花瓶门环代表希望一家人平平安安；葵花门环代表希望多子多孙；神兽门环代表希望驱逐妖魔，保护家园。

2.观看课件，引导幼儿表述门环上不同纹样的特征。

引导语：古代的工匠为了让门环更精美，在门环的底座上用了不同的纹样来装饰。你们能找到这些底座都有哪些纹样吗？

小结：门环底座上的纹样多种多样，有螺旋形、长条形、圆形等花纹，不同的纹样让门环看起来更精美、更独特。

3.启发思考，引导讨论。

（1）引导语：如果让你也当一回工匠，你会制作什么样的门环？

（2）出示制作材料并讨论制作方法。

引导语：今天老师为大家准备了超轻泥、玩泥工具及颜料，谁来说说你喜欢制作什么样的门环？怎么做？（鼓励幼儿用压、搓、团、捏、盘等泥塑技法创作门环）

4.幼儿创作，教师指导。

（1）提出要求：①动手前想好要设计什么样的底座造型。②可用金色的颜料为门环上漆。③使用工具要注意安全，活动结束要把桌面整理好。

（2）幼儿制作，教师巡回指导。

教师巡回指导，鼓励幼儿大胆想象设计门环底座，尝试运用多种技法塑造门环；协助幼儿将制作好的门环安装到展板上。

5.展示作品，分享创意。

幼儿相互展示作品，并介绍自己制作的门环以及制作过程。教师表扬大胆创新的幼儿。

案例三：奇特的把手（泥塑）

（一）活动目标

1. 感受陶壶上怪兽衔环装饰的造型美，大胆设计安装陶器的把手。
2. 体验用陶土创作的乐趣。

（二）活动准备

1. 经验准备：幼儿已欣赏过怪兽衔环装饰，了解其结构。
2. 物质准备：带把手与不带把手的陶器若干、陶土、玩泥工具、丙烯颜料、白乳胶、湿布、牙签。

（三）活动过程

1. 以参观陶器展览会引入，激发幼儿兴趣。

引导语：上一次我们帮五店市的古厝设计了很多不同造型的门环，今天老师要带小朋友们去参观五店市的陶器艺术展，参观的时候请小朋友们仔细观察一下展会上的陶器是什么样的，看一看你最喜欢哪一个陶器，想一想这些陶器跟我们见过的门环有什么相似的地方。

2. 观察陶器实物，引导幼儿观察陶器上把手的基本特征，了解把手的作用。

提问：你最喜欢哪一个陶器？它的造型是什么样的？它美在哪里？

小结：陶器由陶身和把手组成，有的陶器的把手是双凤造型的，有的陶器的把手是神兽造型的。把手不但方便提起陶器，而且造型都美丽独特。

3.出示没有把手的陶器，引导幼儿观察，激发创作的欲望。

引导语：陶瓷工厂还有一大部分陶器需要设计把手，请小朋友们想一想如果让你来设计把手，你会怎么设计。

小结：小朋友们真是太棒了，有的想设计神兽造型的把手，有的想设计双凤造型的把手，有的想设计蝙蝠造型的把手，每个人的想法都不一样。

4.幼儿创作，教师指导。

（1）介绍材料。

（2）提出要求：①动手前想好要为陶器设计什么造型的把手。②制作好把手以后，用白乳胶将把手固定在陶身上并上色。③制作完成后将材料收拾整齐。

5.展示作品，互相欣赏、分享和交流。

五、主题活动小结

（一）选材具有时代意义

门环是一个时代的标志，在闽南地区古厝门环被赋予了无限想象。本次主题活动引导幼儿了解家乡古饰物的特点及其寓意，感受家乡优秀的传统文化，激发幼儿爱家乡的情感和艺术表现的欲望。当幼儿欣赏门环的造型以及了解门环的寓意时，他们的眼神中充满了好奇与热情。

（二）目标设计贴近幼儿实际

活动根据幼儿的实际动手能力，从艺术领域的知识、技能、情感等方面制定目标，符合幼儿的年龄特点和学习规律。

（三）材料选择创意无限

美术活动中材料是主要的因素，是创造表现的物质基础。活动选择适于幼儿操作、生活中易于收集、有趣新颖的材料，有利于幼儿自由地想象与创造。

幼儿兴致高昂，表达内容丰富多彩，创造出每一个与众不同的门环时都感到很兴奋，最后把自己设想并制作好的门环安装到展板上时，获得了成就感与满足感，幼儿们甚至自豪地说："我们简直是艺术家！"

（四）教育体现艺术价值

艺术教育是实施美育的重要途径。本次活动中幼儿借助泥塑的手法展现内心的喜好和兴趣，表达对外部世界的认识和感受。而作为引导者的教师，其作用主要体现在丰富幼儿的感性经验，激发其表现美、创造美的欲望，使之体验自由表达和创造的快乐。活动中教师充分发挥幼儿的主体作用，让幼儿基于自己的感受自由想象、大胆创作，体验成功、快乐与生活的情趣。

六、资料链接

门环，俗称响器，是安装在房屋大门上的拉手，并供叩门之用。中国门环也常被称为铺首或门钹，但严格来说，铺首和门钹只是门环不同形式的底座。门环由底座和挂件两部分构成，底座称为"铺首""门铺"或"铜蠡"，由圆形、方形、多边形或异形的镲钹状金属构件反扣于门板之上，中间高凸位置连接一金属环或金属坠，以实现叩门或拉门的实用功能。

能工巧匠们将人们对生活美好、平安的期待巧妙地化为各种样式的门环，展示在门面之上。花卉图案、吉祥动物、几何纹样、兽头龙面等都是经常采用的装饰元素。蝙蝠寓意"多福"，葵花寓意"多子"，装饰狮虎寓意"镇宅"，等等。

门环在造型上能够折射出宅主的身份和地位，在闽南门文化中也是最能体现礼制建筑等级的装饰符号之一。兽面衔环是帝王和权贵之家常见的样式，民宅不能使用兽面衔环，而使用底盘为圆形、方形、六边形、菊花形或梅花形，中央为圆形凸起的铺首，再配以金属挂件的门环。

（活动设计：尤希凡）

百家衣
（大班）

一、主题由来

古人云："孩儿吃得百家饭，穿得百家衣，佑其无病无灾，长大成人。"百家衣是一种典型的民俗服装，古代婴儿出生时，家人会从每家每户各取一块布片，将布片拼接起来做成婴儿的成衣，寓意是取百家祝福保婴儿长寿。晋江市是制衣制鞋的品牌之都，有丰富的布料资源。本次活动由幼儿和家长共同收集五彩斑斓的布料作为活动材料，各方共同查找相关资料，围绕百家衣延伸出一系列美术活动。

二、主题网络

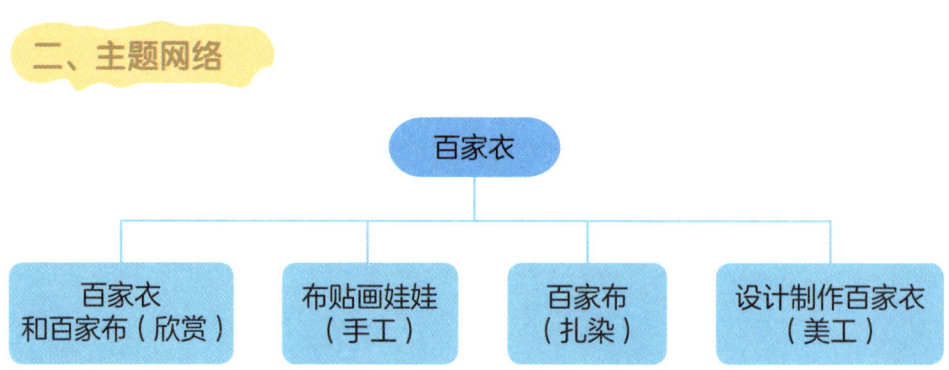

三、主题活动总目标

1. 通过欣赏、绘画、制作等活动感受百家衣独特的艺术魅力。
2. 运用多种艺术手段表现百家衣。
3. 弘扬民俗文化，激发爱家乡的情感。

四、主题活动案例

案例一：百家衣和百家布（欣赏）

（一）活动目标

1. 欣赏百家衣和百家布的颜色、图案，感受多种布料组合后的独特美感。
2. 知道百家衣是一种典型的民俗服装，培养对家乡的热爱之情。

（二）活动准备

1. 经验准备：幼儿活动前与父母一起查阅百家衣的相关资料，收集各种各样的百家衣和百家布；幼儿对冷暖色有初步的认识。
2. 物质准备：介绍百家衣由来的视频、水彩笔、绘画纸、万通板、胶水。
3. 环境创设：布置"百家衣和百家布"展览。

（三）活动过程

1. 幼儿自由观赏"百家衣和百家布"展览。
提问：你看到的百家衣和百家布是什么样的？你最喜欢哪一件展品？
引导语：用一句话来说说百家衣和百家布的独特之处。
2. 感知百家衣和百家布的特点。
（1）感知制作工艺的特点。
引导语：欣赏了百家衣和百家布的展览，我们现在来仔细看看百家衣和百家布是用什么材料做的，百家衣和我们平时穿的衣服有什么不一样。

小结：刚才小朋友们已经发现百家衣和百家布都是由一块一块布拼接起来的，虽然每块布的花纹、颜色、形状都各不相同，却呈现出了和谐的美感。

（2）感知颜色特点。

引导语：虽然百家衣和百家布都是用花纹、颜色、形状各不相同的布料组合缝制而成的，但是它们用的布料颜色都有一个特点，你们发现了吗？

小结：百家衣和百家布用的布料大部分是暖色调的，如红、橙、黄等，让人有温暖和舒服的感觉。

过渡语：为什么要使用这些颜色的布料呢？

3. 介绍百家衣和百家布的由来。

（1）观看介绍百家衣由来的视频。

（2）组织幼儿讨论：小朋友们，刚才看的视频中都介绍了什么？看过视频后，你有什么感受？

（3）小结：古时候医疗条件有限，为了让孩子能健康长大成人，人们就想出了穿百家衣的习俗，取"百"家的布做成衣服，布料多选鲜艳、温暖的颜色，样式多为马甲背心款式。百家衣寄托了父母对孩子的希望与祝福。

4. 延伸活动："百家纸"。

（1）每个幼儿在绘画纸上以各种颜色、图案作画，制作"一家纸"。

（2）将幼儿的"一家纸"在长方形万通板上组合成"百家纸"，并作展览。

案例二：布贴画娃娃（手工）

（一）活动目标

1. 大胆想象，用布贴画的形式表现娃娃表情。
2. 能熟练地运用各种材料，独立或与同伴合作进行制作。
3. 大胆用语言表述自己的想法，体验制作的乐趣。

（二）活动准备

1. 经验准备：幼儿对百家衣和百家布有初步了解。
2. 物质准备："百家衣"PPT课件、婴儿表情图片、大展板、形状各异的纸板、剪刀、双面胶、记号笔、各种颜色的碎布。

（三）活动过程

1. 引导幼儿回顾讲述百家衣的有关知识。

（1）提问：为什么要做百家衣呢？它有什么寓意呢？

（2）根据幼儿的讲述出示"百家衣"PPT课件。

（3）小结：百家衣是一种典型的民俗服装，古代婴儿出生时，家人会从每家每户各取一块布片，将布片拼接起来做成婴儿的成衣，寓意是取百家祝福保婴儿长寿。

2. 表情游戏，激发兴趣。

（1）提问：你们猜猜看，小婴儿穿上百家衣时会做出什么表情呢？他们会有什么感觉呢？

（2）幼儿模仿婴儿的各种表情，并说说表示什么感觉。

（3）展示婴儿表情图片，引导幼儿将表情与感受配对，并模仿。

（4）小结：小婴儿的表情这么有趣，我们就照着这些图片，用我们收集来的布制作布贴画娃娃吧。

3. 经验迁移，讨论制作。

（1）利用课件介绍制作材料。

（2）讨论制作方法。

提问：你准备选什么形状的纸板当娃娃的头？用什么颜色、什么花纹的布？你做的布贴画娃娃是什么表情？

（3）提出制作要求：①找，找出喜欢的纸板和布料。②做，确定布料粘贴的位置，并运用剪裁、粘贴的方法制作，注意剪刀使用的安全。③画，画上自己喜欢的娃娃表情。④合，根据形状将所有小朋友制作的布贴画娃娃进行拼接，形成组画。

4. 幼儿制作，教师指导。

（1）幼儿自由选择材料进行制作。

（2）指导幼儿要将布料贴在纸板的一角，粘贴好后要根据纸板形状剪去多余布料。

（3）提醒幼儿可以独立制作，也可以合作完成。

5. 幼儿与教师合作，完成组画。

引导语：看看你的布贴画娃娃贴在展板上的什么位置比较合适？怎样才能和小伙伴的画组合在一起？

6. 互动欣赏，评析作品。

（1）自评引导：能不能向大家介绍一下你的布贴画娃娃？

（2）互评引导：你最喜欢谁的布贴画娃娃？为什么？

7. 活动延伸。

（1）继续完成组画制作。

（2）鼓励幼儿自己制作异形纸板当作娃娃的头。

案例三：百家布（扎染）

（一）活动目标

1. 尝试自己设计图稿，选择材料扎染布料。
2. 通过欣赏，激发对扎染的兴趣。
3. 积极参与活动，体验成功的乐趣。

（二）活动准备

1. 经验准备：师幼共同设计图稿。
2. 物质准备：扎染布料四块（圆形花纹、四角花纹、斜线花纹、条纹花纹）、皮筋、白色布、剪刀、染料（以暖色为主）、大小不一的珠子、细铜丝、活动课件、设计图稿、扎染手帕作品等。

（三）活动过程

1. 出示四块不同花纹的布料，引导幼儿观察欣赏。

引导语：×老师生了宝宝，我们来给宝宝做一件代表美好祝福的百家衣吧，那么衣服的布料要从哪里来呢？（出示扎染布料）

提问：这些布料与普通的布料有什么不一样？你喜欢哪一块？为什么？

小结：这些布料是用一种特殊的方法制作的，这种方法叫作扎染。百家衣使用的布料都以鲜艳、温暖的颜色为主，这一点与普通扎染布不同。今天需要小朋友们用扎染的方法来制作百家衣需要的布料。

2. 引导幼儿观察，讨论扎染的方法。

（1）出示扎染材料，引导幼儿猜猜不同的花纹分别是用哪些材料做出来的。

（2）幼儿分组自由尝试，探索不同材料的用法。

（3）利用PPT做"材料与花纹连线"的游戏。

（4）小结：条纹花纹是将手帕对边折，再扎上皮筋做出来的；圆形花纹是用包珠子的方法做出来的；斜线花纹是将手帕对角折，再扎上皮筋做出来的；

四角花纹是在手帕的四个角上扎上皮筋做出来的。

3. 出示图稿和作品，激发幼儿设计和扎染布料的兴趣。

（1）出示图稿。

引导语：看一看这张设计图稿，上面都有哪些花纹？怎样才能染出这些花纹呢？

（2）出示扎染好的作品，引导幼儿比较异同。

引导语：这是我们扎染出来的手帕，看看和设计图稿一样吗？如何进行修改？

4. 讨论制作要求。

（1）步骤：设计图稿—选择适当的工具、材料—染布—晾干。

（2）注意事项：扎紧、折齐、包满。

（3）保持桌面、地面整洁，活动后自己整理材料、工具。

5. 幼儿操作，教师巡回指导。

重点指导幼儿扎紧、折齐、包满，晾晒时布料要打开，使布料保持平整。

6. 欣赏作品，体验成功的喜悦。

案例四：设计制作百家衣（美工）

（一）活动目标

1. 初步能用折、剪、粘的方法制作百家衣，尝试用美术的方法表达自己的祝福和愿望，体验动手操作的乐趣。

2. 了解对襟马甲左右对称的特点。

（二）活动准备

1. 经验准备：幼儿对对襟马甲的制作有初步的认识。

2. 物质准备：裁好的对襟马甲纸样、每组一份材料（画架、4开纸、记号笔、剪刀、双面胶、透明胶、纽扣、辅助装饰材料）、幼儿制作的扎染布、幼儿与家长共同收集的各类布料。

（三）活动过程

1. 话题导入，激发幼儿制作的兴趣。

引导语：小朋友们，×老师刚刚生了宝宝，我们来为宝宝制作一件代表着美好祝福的百家衣吧，你们愿意吗？

2. 讨论交流百家衣的制作方法。

（1）提问：百家衣一般是什么样式的？你想和谁一起做？用什么材料来做？

（2）幼儿自由分组进行讨论，并初步绘制成衣设计图。

（3）每个小组派一名组员向大家介绍小组设计的百家衣。

（4）小结：百家衣一般是对襟马甲的样式，左右两边是对称的，利用各种颜色鲜艳的布料拼接而成。

3. 出示对襟马甲纸样，幼儿分组进行制作。

（1）讨论制作要求：①运用折、剪、粘的方法制作百家衣。②可使用扎染布也可使用其他布料，节约材料，不浪费。③小组分工合作，不半途而废。

（2）幼儿制作，教师指导。

提醒幼儿注意对襟马甲的对称特点，并鼓励幼儿大胆尝试。引导幼儿有目的地制作，支持幼儿根据需要选择材料制作。鼓励幼儿在制作时能相互合作，取长补短。

4. 展示、评价。

引导幼儿互相观赏作品，积极肯定幼儿的成果，增强幼儿的自信心与成就感。

5. 活动延伸。

邀请×老师参加百家衣赠送仪式。

五、主题活动小结

主题活动立足于幼儿对百家衣这一传统服饰的兴趣，以收集、查阅资料为起点，囊括了绘画、手工、扎染、设计制作的艺术表现手段。通过系列活动的开展，以艺术拓展幼儿的视野，弘扬民俗文化，激发幼儿爱家乡的情感，引导

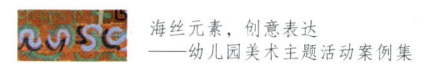

幼儿通过美术表达美好的愿望。

考虑到大班幼儿的年龄以及美工技能水平等特点，活动安排既有幼儿"触手可及"的组合绘画，也有幼儿"跳一跳才能够得着"的扎染、服装制作，还有带给幼儿全新体验的布贴画制作，主题活动整体目标明确，难易得当。在活动开展过程中，幼儿能大胆和同伴交流，通过自己的构想创造性地进行表现，并且逐步产生了合作意识，部分幼儿与同伴分工合作共同完成一件作品。从协商、交流制作内容，到分工合作制作，再到最后展示作品、评价作品，都充分体现了幼儿在活动中的自主性。活动给予幼儿充分操作、展现自我的机会，发展了幼儿的综合能力。

六、资料链接

闽南地区有吃"百家饭"、穿"百家衣"、戴"百家锁"的育儿习俗。"百家衣"也称"乞丐衣"，俗称"百补衣"，是由向亲朋邻里讨来的碎布帛、杂色布拼合缝制而成的。婴儿外裹的"花被"，也是用许多不同的花布或色布拼成，绣有龙、凤、麒麟、牡丹等吉祥图案。民间认为吃了百家饭、穿了百家衣，就能使孩子长命富贵，身体健康。

（活动设计：陈玗璨）

 # 闽南传统工艺——漆线雕
（大班）

一、主题由来

随着课题"闽南侨乡文化资源在幼儿园美术课程中的运用研究"的深入开展，越来越多的闽南传统工艺走进幼儿园的园本课程，走进孩子们的生活活动当中。其中，漆线雕做工精细，形象逼真生动，风格古朴庄重，画面栩栩如生，是福建泉州历史悠久、独具特色的传统民间手工艺精品。传统漆线雕的纹样以中国传统纹样为主，虽然精美，但对于学龄前的孩子而言是无法达到其工艺水准的，因此，本次主题活动的定位是"玩"和"赏"，在玩中学，在学中赏。活动引导幼儿从欣赏作品开始，通过教师的指导，结合搭配主题，如"闽南建筑与漆线雕""闽南小吃与漆线雕"等尝试自己设计图样、盘线，让幼儿在无拘无束的活动中做出充满童趣和创意的作品，由浅入深地逐步了解漆线雕的整个制作过程。

二、主题网络

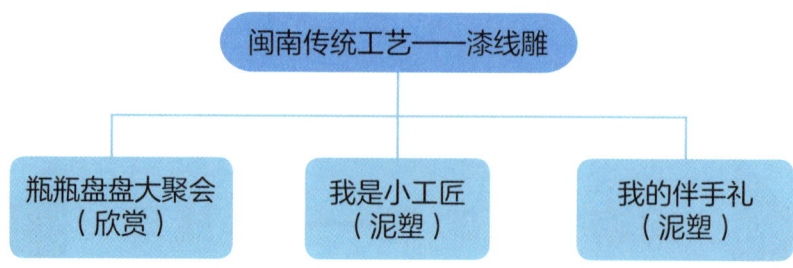

三、主题活动总目标

1. 通过观察欣赏，感知漆线雕的各种图案及工艺，在学习中不断提高观察事物的能力。
2. 初步了解漆线雕的制作工序、材料，尝试表现漆线雕作品。
3. 感受漆线雕工艺美，激发爱家乡的情感。

四、主题活动案例

案例一：瓶瓶盘盘大聚会（欣赏）

（一）活动目标

1. 观察欣赏漆线雕独特的造型和漆线装饰美。
2. 初步了解漆线雕的制作工序。

（二）活动准备

1. 经验准备：幼儿和家长共同收集漆线雕花瓶、漆线雕盘子等实物，初步了解漆线雕的有关知识。
2. 物质准备：介绍漆线雕的PPT课件、幼儿和家长一起收集的漆线雕器物（如瓶、罐、茶杯、笔筒等）。

3. 环境创设：布置"艺术品展览中心"。

（三）活动过程

1. 以参观艺术品展览的游戏口吻引入。

引导语：今天，晋江市的博物馆给小朋友们送来了一张邀请函，想邀请我们去参观花瓶与盘子的展览会，让我们一起出发吧！（教师带领幼儿进入场地，引导幼儿运用多种感官参观展览会）

2. 以问题启发的方式引导幼儿观察欣赏。

（1）引导幼儿欣赏漆线雕的雕塑美。

引导语：展览会上有很多很特别的瓶子（盘子），我们一起看一看它们身上装饰的花纹有什么特别的地方。

提问：你看到这些瓶子（盘子）上有些什么图案？用手轻轻地摸一摸，这些瓶子（盘子）上的图案和你平时见过的瓶子（盘子）有什么不一样的地方？

小结：这些瓶子（盘子）上的花纹是用同一种工艺绘制出的浮凸的纹样、图形，这样的工艺有个名称——漆线雕。

（2）引导幼儿初步了解漆线雕的制作工序。

引导语：瓶子（盘子）上凸出来的图案有圆的、方的，还有各种各样绕来绕去的漂亮花纹。我们一起来看看，工匠们是怎么把这么好看的瓶子（盘子）制作出来的。（结合 PPT 展示）

提问：工匠们制作前要做哪些准备工作？（漆线土制作—打底—设计造型—做底胎—搓线—漆线雕塑—上明漆—粉白土—上安金漆—贴金箔）花瓶上的花纹是怎么雕刻上去的？（工匠们在器物上用特殊的工具通过拉条、盘、缠、堆等方法将漆线盘绕出好看的花纹）

小结：以前的工匠为了表现各种图纹、形状，用特制的搓板，手工搓出各种粗细不同的柔软而有弹性的漆线，然后在涂有底漆的坯体上用漆线盘、结、绕、堆，连绵不断的线紧密地盘绕，做出层次丰富而繁复的纹样，并且重重叠叠。

3. 结合 PPT 进一步丰富与拓展幼儿的相关知识与经验。

引导语：漆线雕除了雕刻在瓶子（盘子）上，还可以雕刻在哪些器物和材质上？

小结：漆线雕装饰的器物种类主要有盘、瓶、炉等，它可以装饰在陶瓷、玻璃及石头等材质的器皿上。

案例二：我是小工匠（泥塑）

活动视频二维码

（一）活动目标

1. 尝试借助简单的工具，运用绕、堆、盘的技法进行平面的泥塑活动。
2. 初步体验漆线雕的工艺技法，对漆线雕技法感兴趣。

（二）活动准备

物质准备：泥塑工具、橡皮泥、勾线笔、画纸、区域活动中完成的搓线成品、泥塑作品《闽南古厝》。

（三）活动过程

1. 出示材料，直接导入活动。

引导语：小朋友们，今天老师带来了我们区域活动时搓好的"金线"，我们也来学一学漆线雕工匠装饰自己喜欢的东西。

提问：我们怎样用漆线雕的装饰技法装饰自己喜欢的东西？

小结：要将"金线"通过拉条、盘、缠、堆等技法盘绕在自己设计的图样上；"金线"要连续盘绕。

2. 借助作品，引导重述特点。

引导语：今天老师带来了一幅泥塑作品《闽南古厝》，请小朋友们看一看我用了哪些方法装饰我的古厝。

提问：古厝外轮廓的线条和细节部分的线条有什么不一样？凹凸部分是怎么处理的？用了哪些方法？

小结：外框可以选择用粗的线条，细节之处选择细的线条进行装饰。可以用重复堆叠的方法表现凸起。根据自己设计的图案可选择绕、堆、盘的技法进行装饰。

3. 提出要求,鼓励幼儿制作。

(1)围绕"我眼中的闽南古厝"设计图样。

(2)装饰的时候可以借助泥塑工具,注意线条要连续。

(3)装饰时造型凸出的部分要做得明显。

4. 巡回指导,关注幼儿能力差异。

鼓励幼儿设计出闽南古厝的图样,重点指导幼儿尝试运用绕、堆、盘的技法进行装饰,注意线条的连续性,表现出造型的凹凸部分。

5. 展示作品,点评关键经验。

(1)引导语:哪个小朋友愿意和大家分享一下,你的作品哪些地方用到了绕、堆、盘的技法?

(2)教师针对幼儿绕、堆、盘技法的运用情况进行讲评。

闽南古厝

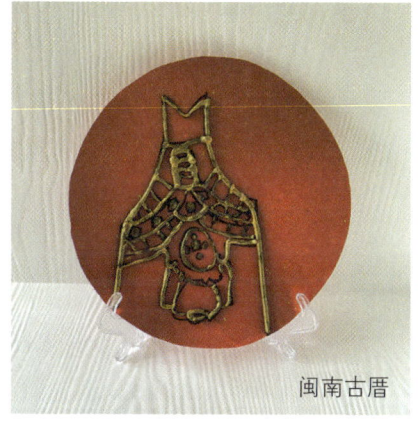
闽南古厝

闽南古厝

闽南古厝

案例三：我的伴手礼（泥塑）

（一）活动目标

1. 尝试运用绕、堆、盘、镂的漆线雕技法完成一件作品。
2. 通过操作进一步体验漆线雕制作的技巧。

（二）活动准备

物质准备：大号针筒、丙烯颜料、勾线笔、盘子、漆线（金色腻子粉）等。

（三）活动过程

1. 谈话引入，激发幼儿兴趣。

引导语：小朋友们，我们都知道漆线雕是闽南地区的传统手工艺之一，漆线雕工艺品具有收藏价值和纪念价值，在闽南地区的很多大型活动中，都采用漆线雕作为纪念礼品。今天，老师想让小朋友们制作一件你最喜欢的漆线雕作品作为伴手礼送给以后到我们班的客人，请小朋友们想一想你想设计什么样的礼品。

提问．什么是伴手礼？

小结：伴手礼是具有地方特色的礼物，一般是当地的特产、纪念品等。

2. 出示材料，提出制作要求。

（1）引导语：今天老师给小朋友们准备了盘子，请你们在这上面装饰你最喜欢的漆线雕花纹。

（2）提出要求：①尽量设计和别人不一样的图样。②用绕、堆、盘、镂的技法装饰作品，镂的时候可借助工具，注意线条的连续。

3. 巡回指导，关注幼儿能力差异。

重点指导幼儿在运用镂的漆线雕技法时，注意线条的连续。

4. 展示作品，点评雕塑技巧。

（1）引导语：每个小朋友都制作出了自己喜欢的漆线雕伴手礼，谁愿意来向大家介绍作品中用了哪些漆线雕技法呢？

（2）针对幼儿作品中技法的运用情况进行雕塑技巧的提升。

小叮当

池塘边

小兔子

荷花

恐龙

五、主题活动小结

在主题活动的实践过程中可以发现，漆线雕工艺对于幼儿园的孩子而言是一项比较难以掌握的技法。活动从了解漆线雕的历史开始，接着了解漆线雕的制作工序，同时衔接了一部分的漆线雕精品欣赏，在幼儿对漆线雕有了一定的了解后，用"我是小工匠""我的伴手礼"等活动开启幼儿体验漆线雕制作技法的旅程。班级区域活动丰富了幼儿对漆线雕制作工序、制作材料的认识，同时幼儿还针对漆线雕中常见的纹样，如祥云、花边、水波纹等进行塑造练习。活动力图做到既有传统艺术的传承，也有新时代儿童的想象创新。以"玩"为主的课程主旋律让幼儿乐在其中，主题活动将传统工艺、本土文化等融入与幼儿息息相关的一日生活活动的各个环节中，如区域活动、自由活动、游戏、集中活动等，真正地让幼儿体验到"玩中学、学中玩"的乐趣。在活动中教师也发现，幼儿的手部小肌肉群发展还不够成熟，在运用盘绕技法呈现浮凸图形与纹样方面还存在不足，幼儿多数只能做到重叠盘绕；此外，幼儿在多次的练习中均以超轻泥等作为漆线替代物，其黏性不够，作品难以成型，在一定程度上挫伤了幼儿的积极性。

六、资料链接

闽南漆线雕技艺原为佛雕技艺的装饰工序之一，迄今有 1 400 多年的历史，其中以泉州漆线雕最为出名。泉州地区宗教信仰丰富，大小寺庙林立，为佛雕工匠提供了良好的艺术施展空间。佛雕艺人用熟桐油、大漆、砖粉等原料经反复舂、捶、揉、捻，做出富有韧性的漆线土，再用手工搓成细如发丝的漆线，运用盘、结、绕、堆等工艺，在佛像坯体上饰出各种图案。最先从事漆线雕工艺品制作的，全是技艺高超的佛雕艺人，随着时代的变迁及社会的需求，他们将漆线雕应用于工艺品制作，源源不断地输往海内外。

漆线雕以精细的漆线经特殊的制作方法缠绕出各种人物及动物形象，尤以民间传统题材，如龙凤、麒麟、云水、缠枝莲等为多。过去，漆线雕大都只装饰于木板、漆篮和戏剧道具上，现已发展到装饰在盘、瓶、炉等瓷器和玻璃器皿上，琳琅满目，并且不断推陈出新，有的表层还安贴 24K 金箔。厦门工艺美术厂将漆线雕与陶瓷结合，创作生产了线条陶瓷作品。如线条瓷塑《郑成功》，参加了全国工艺美术展览，并被选送到日本展出，获得好评。小件漆线雕工艺品用绫缎制成的盒子包装，小巧玲珑，便于携带，是旅游纪念、馈赠亲友的佳品。

（活动设计：吴双玲）

 **走进闽南古大厝**
（大班）

一、主题由来

　　五店市的闽南古厝是闽南特有的建筑，这些"官式大厝"又被称为"皇宫起"，其色彩、构件、造型、装饰纹样等都凝聚着极高的艺术价值。"走进闽南古大厝"主题系列活动进一步贯彻《3～6岁儿童学习与发展指南》精神，让美术活动回归幼儿的生活，做到从生活中来、从周边取材，充分利用地理优势，带领幼儿到幼儿园附近的五店市了解闽南古厝的建筑造型特点，感受古代人们的智慧与技艺。在幼儿参观古厝的基础上，通过欣赏、写生、重彩组合画等形式，引导幼儿用画笔表现闽南古厝。在愉悦、自由、和谐的氛围中，加深幼儿对闽南古厝建筑特点的认识，让幼儿在欣赏古厝建筑艺术的基础上，感受家乡红砖白石的古厝文化，激发幼儿爱家乡的情感。

二、主题网络

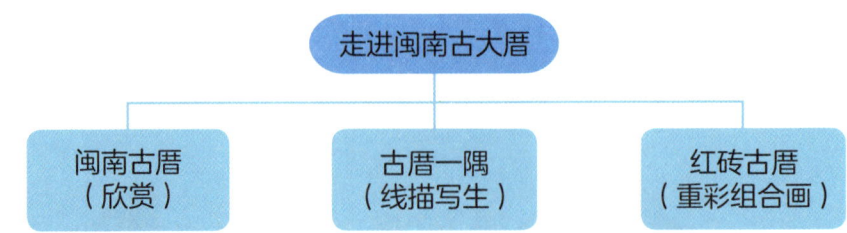

三、主题活动总目标

1. 通过参观、欣赏、绘画等活动，了解闽南古厝的建筑特点，感受闽南古厝的造型、墙面色彩纹样的美感。

2. 利用线描画、水粉画等绘画形式，以及剪、粘等美术技能表现古厝造型、墙面纹样，提高艺术鉴赏力和表现力。

3. 大胆表现，体验美术活动的乐趣，在活动中愿意与同伴合作。

4. 感受家乡建筑别具风格的古朴美，激发爱家乡的情感。

四、主题活动案例

案例一：闽南古厝（欣赏）

（一）活动目标

1. 欣赏闽南古厝构造，比较闽南古厝和现代建筑的不同，感受闽南古厝的造型美和墙身的色彩纹样美。

2. 喜欢参与欣赏活动，能表达自己对闽南古厝建筑特点的感受。

（二）活动准备

1. 经验准备：活动前请家长带领幼儿参观五店市闽南古厝，并将幼儿与家长拍摄的闽南古厝照片展示在班级，日常与幼儿交流闽南古厝的建筑特色。

2. 物质准备：展示闽南古厝的 PPT 课件、闽南古厝绘画作品、画笔、绘画纸、彩纸、胶水、颜料、剪刀。

（三）活动过程

1. 欣赏闽南古厝图片，初步感知闽南古厝建筑特点。

（1）引导幼儿观察整体。

引导语：从正面看古厝是什么样子的？古厝墙面的装饰花纹有什么特点？古厝的主要建筑材料是什么？

小结：古厝为"皇宫式"大厝，从正面看，中间大厝稍高，两边护厝稍低，呈三段曲折线。古厝墙面的装饰花纹基本上是对称的。主要建筑材料为木头、红砖、花岗石等。

（2）引导幼儿观察局部。

引导语：这些图片展示了古厝的某个部分，它们分别有什么特点呢？古厝主要运用哪些装饰形式？

小结：古厝的屋顶是硬山式的，有双翘的燕尾脊。狭长的水车堵、大小不同的红砖和青石组成古厝的外墙。古厝普遍运用"交趾陶"陶塑、瓷片剪贴、彩绘泥塑以及漆金木雕等装饰形式。

2. 比较闽南古厝和现代建筑的不同。

引导语：闽南古厝和现代建筑有什么不一样的地方？

小结：闽南古厝的屋顶属于硬山式屋顶；现代建筑的屋顶多为平屋顶、坡屋顶。闽南古厝一般只有一层，现代建筑基本都是高楼大厦。闽南古厝墙上有漂亮的砖雕、石雕和窗花，砖与砖之间的缝隙就像是长长短短的线；现代建筑的外墙大多是涂料和玻璃窗户。

3. 欣赏画家绘制的闽南古厝作品，感受闽南古厝的色彩美和纹样美。

引导语：这些画家绘制的古厝，跟我们看到的闽南古厝是不是一样的？你认为这些古厝画得怎么样？（展示画家的作品）

小结：这些画中的古厝大多为砖红色，屋顶、外墙、窗户等都有别具特色的图案、花纹，颜色搭配自然和谐。

4. 设计构思，创意绘制。

（1）引导语：如果让你当一回建筑设计师，你要怎样设计古厝呢？你会采用什么方法来表现古厝呢？（引导幼儿交流各自的想法）

（2）根据不同的设计方案，表现闽南古厝的建筑特点。

组一：采用绘画的形式画出古厝，表现出闽南古厝独特的造型及墙面纹样。

组二：用剪刀将彩纸剪出古厝的形状，用胶水粘贴固定，然后用颜料或彩笔装饰古厝的墙面。

案例二：古厝一隅（线描写生）

（一）活动目标

1. 通过实地观察，感知古厝的造型和墙面的色彩及纹样。
2. 尝试根据古厝的外形特征运用线描方式进行实景写生，体验写生的乐趣。
3. 感受家乡建筑别具风格的古朴美，激发爱家乡的情感。

（二）活动准备

1. 经验准备。

（1）请家长帮助幼儿丰富有关闽南古厝外形特征的知识。

（2）在秋游中，引导幼儿了解古厝在外观上与现代建筑的区别，观察古厝的造型和墙面的色彩纹样。

（3）幼儿具有一定的线描绘画基础。

2. 物质准备：记号笔、红纸、圆形白纸、胶水、画板。

（三）活动过程

1. 参观五店市，分享交流参观古厝的感受。

引导语：你们喜欢五店市里的闽南古厝吗？为什么？

小结：古厝有别具特色的造型和色彩纹样，红砖白石墙体、硬山式屋顶、双翘燕尾脊很漂亮。

2. 欣赏古厝建筑构件的外形特征，感受其独特的建筑形式。

引导语：接下来，我们来看这座古厝由哪些部分组成。

小结：有门、墙、窗、屋顶、燕尾脊等。

（1）欣赏古厝的大门。

引导语：古厝的门是什么样子的？

小结：这是一个双开的门，门上有两个猛兽门环，还有两个门神，门两边是一些红白相间的砖雕。

（2）欣赏古厝的墙和窗。

引导语：古厝的墙和窗是什么样子的？

小结：古厝的墙大部分是砖红色的，墙石混砌，即"出砖入石"。山墙的泥塑浅浮雕呈对称式，腰线有红砖影雕，两个圆雕形式的石构窗雕有动物和花卉。

（3）欣赏古厝的屋顶、燕尾脊。

引导语：古厝的屋顶、燕尾脊是什么样子的？

小结：屋顶上有漂亮的双翘燕尾脊、琉璃筒瓦、闽南剪瓷雕双龙戏珠，檐边有一些山水人物泥塑彩绘。

3. 讨论创作方法。

引导语：你们觉得可以用哪种写生方法来表现古厝呢？

小结：适合用线描写生的方法。闽南古厝的墙身和屋顶看起来像由各种各样粗细不同的线组成，石块作为面，砖缝作为线，这之间产生点、线、面的组合。门、窗上嵌有各种有着美好寓意的装饰图案，也适合用粗细不同的线条进行写生。

过渡语：今天请小朋友们运用线描写生的方法来画古厝一隅，你们可以选择自己最喜欢的古厝一角进行写生。

4. 提出绘画要求。

（1）先画古厝一隅的外形，注意大小布局。

（2）用粗细不同的线条进行装饰。

（3）拿画板的姿势要正确。

5. 幼儿自由写生，教师巡回指导。

（1）指导幼儿描绘出屋顶、燕尾脊及外墙的特征。

（2）重点引导幼儿大胆作画，合理布局，提醒幼儿注意体现曲线与直线的组合。

6. 展示幼儿作品，交流互评。

幼儿将作品贴在红纸上进行展示。教师引导幼儿互相观赏作品，自由分享交流自己绘画的古厝一隅。

案例三：红砖古厝（重彩组合画）

（一）活动目标

1. 能够根据从不同角度观察到的古厝外形特征运用水粉颜料大胆进行绘画。
2. 尝试将古厝作品组合成村庄，注意画面安排，表现出建筑之间的远近、遮挡关系。
3. 感受家乡古建筑文化，萌发热爱乡土文化的情感。

（二）活动准备

1. 经验准备：事先请家长带领幼儿参观五店市红砖古厝，并将幼儿与家长拍摄的红砖古厝照片展示在班级，日常与幼儿交流红砖古厝的建筑特色。
2. 物质准备：纸皮、水粉颜料、画笔、剪刀、胶水、展板、红砖古厝群图片。

（三）活动过程

1. 欣赏不同角度的红砖古厝照片，进一步感受红砖古厝的建筑特色。

引导语：这些是从不同角度拍摄的红砖古厝照片，这些画面中的古厝都有什么特点？

小结：从正面看，古厝正脊多呈弧形曲线，两端吻头高高上扬，尾部尖细开叉呈"燕尾式"造型。古厝的侧面没有门，只有窗户和墙。

2. 欣赏五店市古厝群，感受村庄房屋之间的远近、遮挡关系。

引导语：这是五店市古厝群，你们发现了什么？（出示古厝群图片）

小结：有的房子比较近显得比较大，有的房子比较远显得比较小；有的房子被遮住了只能看到屋顶；有的能看到的是古厝的正面，有的能看到的是古厝的侧面。

3. 师幼讨论红砖古厝重彩组合画的创作方法。

引导语：今天我们要通过小组合作画一幅红砖古厝重彩组合画，可以怎么创作呢？

小结：每人负责画一座古厝，可以选择画古厝的正面，也可以选择画古厝的侧面。先在纸皮上画出红砖古厝的轮廓，再用红色水粉颜料画底，待水粉颜料干后，绘画红砖古厝的墙、窗户、门、花纹，再用剪刀沿红砖古厝轮廓剪下。小组合作将剪好的红砖古厝作品组合成一幅红砖古厝重彩组合画。

4. 提出作画要求。

（1）抓住不同角度古厝的主要特征，先画整体，再画局部，最后添画细节。

（2）绘画完将古厝作品组合成村庄，注意画面安排，表现出建筑之间的远近、遮挡关系。

5. 幼儿作画，教师巡回指导。

（1）指导幼儿画出不同角度古厝的外形特征。

（2）提醒幼儿注意待红色水粉颜料干后再绘画古厝的墙、窗户、门、花纹。

（3）引导能力强的幼儿表现出细节及画面的疏密。

6. 展示作品，交流分享。

引导幼儿互相介绍自己的作品，体验成功与合作的喜悦。

五、主题活动小结

在活动中，幼儿通过参观、欣赏、绘画等形式，了解闽南古厝的建筑特点，感受闽南古厝的造型美、墙面色彩纹样美,提高了艺术鉴赏力和表现力。教师为幼儿提供充足的美术创作材料,幼儿参与美术活动的兴趣浓厚,对于动手创作的兴致极高。幼儿在活动中大胆表现,愿意与同伴合作完成红砖古厝重彩组合画,感受到家乡古厝别具风格的古朴美,激发了爱家乡的情感。

六、资料链接

闽南古厝是指在闽南一带的传统民居,主要分布在福建泉州市、厦门市、漳州市、莆田市等地。在闽南语里,"厝"是房子,红砖厝就是用红砖盖的房子,也是闽南最有代表意义的传统建筑。闽南古厝以"官式大厝"为主,故又名"皇宫起",在不少地区,又名"红砖厝"。它形似殿宇,富丽堂皇,是中国古民居的典型。它的主要特征是:前埕后厝,坐北朝南,三或五开间加双护厝,红砖白石墙体,硬山式屋顶和双翘燕尾脊。

闽南古厝中的砖石混砌和墙面的装饰在中国建筑史上独具特色,反映地域的风格特性,因而有学者认为这个区域的民居是属于"红砖文化区"。

在闽南古厝文化的传承中,"红砖文化"起到了一个至关重要的作用。"红砖文化"不止是闽南古厝建筑特色的概括,更是闽南人坚韧、开朗、沉稳、豁达的性格,睿智、温良、自省、拼搏的特质以及务实、进取、勇敢、奋斗的作风的概括。"红砖文化"是与闽南人民的精神世界相连接的文化,是闽南人民繁衍壮大、生生不息的精神力量。这种文化,不仅是闽南人的瑰宝,更是中国乃至世界的瑰宝。

(活动设计:李晖雯)

布袋衫　水当当

（中班）

一、主题由来

晋江布袋木偶戏是我国木偶戏中的稀有剧种，地域文化特征明显，艺术积淀丰厚，形象美、语言美、音乐美，是一种深受闽南群众喜爱的艺术形式，于2006年列入首批国家级非物质文化遗产名录。

根据《幼儿园教育指导纲要》、《3～6岁儿童学习与发展指南》（以下简称《指南》）精神，幼儿园课程应生活化，要有意识地带幼儿到社区参加地方民俗文化活动，让幼儿置身其中，接受艺术的熏陶。世界各国家、地区都非常关注本民族的、本地区的优秀艺术成就的传承，所以本次主题活动选择"晋江布袋木偶戏"这一极具闽南地方文化特色的元素来丰富幼儿园课程，充实美育。幼儿非常喜欢晋江布袋木偶戏中独特的木偶造型，他们急于了解布袋木偶戏表演幕后的秘密，同时也渴望能参与表演、制作木偶和创编剧目。

以布袋木偶戏为主题的美术活动，可以让幼儿欣赏到家乡文化独特的美，在幼儿幼小的心灵中播下闽南民间艺术的种子，激发他们热爱闽南民间艺术的情感；通过欣赏、手工、绘画等形式，加深幼儿对闽南文化的理解，促使幼儿萌发爱家乡的情感，增强对家乡的认知和认同；启发和引导幼儿大胆地表现和创作，促进其从知识、能力、态度、情感等多个方面实现综合发展。

二、主题网络

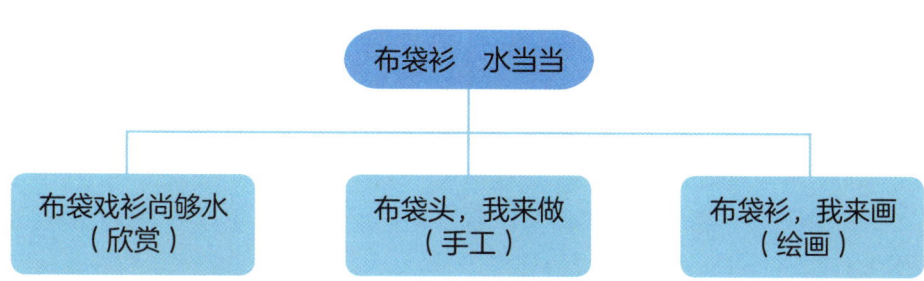

三、主题活动总目标

1. 喜欢欣赏布袋木偶戏，了解布袋木偶戏的传统文化内涵和表演形式。
2. 认识剧目中布袋戏衫的色彩和装饰，并区分其不同。
3. 感受布袋戏木偶整体造型的美感。
4. 用自己擅长并喜欢的方式大胆地表现和创作，有表现美的能力。
5. 与同伴在活动中协作配合，体验合作的乐趣。

四、主题活动案例

案例一：布袋戏衫尚够水（欣赏）

（一）活动目标

1. 喜欢观看布袋木偶戏，了解布袋木偶戏的传统文化内涵和表演形式。
2. 认识剧目中布袋戏衫的色彩和装饰，并学会区分不同的戏衫。

（二）活动准备

1. 经验准备：请家长利用空闲时间与幼儿一起观看布袋木偶戏的视频。

2. 环境创设：联系晋江市掌中木偶艺术保护传承中心确定相关表演事宜；布置多媒体厅，摆放布袋木偶戏的人物形象立板，播放布袋木偶戏配乐。

（三）活动过程

1. 营造氛围，直接引入，引导幼儿感受布袋木偶戏的剧场魅力。

引导语：今天我们幼儿园来了一群特别的客人，你们看看这个布景，听听这个配乐，猜猜是谁呢？

2. 集体观看布袋木偶戏表演《公鸡、兔子逗狐狸》，重点引导幼儿欣赏戏服之美。

引导语：这些是晋江市掌中木偶艺术保护传承中心的哥哥姐姐，他们将给我们带来可爱又逗趣的《公鸡、兔子逗狐狸》。请小朋友们认真观看，保持安静，仔细看看公鸡、兔子、狐狸的衣服都是什么样子的。

3. 小组讨论，加深对角色服饰的印象。

话题：××的衣服是什么样的呢？有什么颜色？有什么装饰？

4. 集体欣赏布袋戏衫，理解角色服饰的风格、颜色及图案。

提问：这是谁的衣服呢？公鸡、兔子和狐狸的衣服有什么不一样？你最喜欢哪件衣服的颜色和图案？为什么？

小结：兔子的衣服是可爱的粉色背带裙，公鸡有一件大红色的很神气的披风，狐狸妈妈有一件蓝色波点围裙，狐狸宝宝穿的是蓝色的连衣裙。

5. 游戏互动，辨认不同角色的布袋戏衫。

（1）引导语：这是谁的布袋戏衫呢？请你用一个句子来介绍这件布袋戏衫。

（2）表演者与幼儿见面，幼儿尝试玩一玩木偶，加深对布袋木偶戏的理解。

6. 自然结束。

结束语：布袋戏衫这么好看，我们下次来画一画它们吧。

案例二：布袋头，我来做（手工）

（一）活动目标

1. 感受布袋戏木偶妆发的美感。

2. 懂得使用超轻泥和其他材料通过搓、压、粘的方法制作木偶头，享受成功的愉悦。

（二）活动准备

1. 经验准备。

（1）利用餐后及自由活动时间组织幼儿欣赏布袋戏木偶的造型，并引导幼儿分辨不同角色造型的不同之处。

（2）请家长与幼儿一起了解木偶头的制作流程。

2. 物质准备：布袋戏木偶头部特写图片、《大名府》丑角木偶、画架、保丽龙球、超轻彩泥、画笔、水粉颜料、竹签和辅助材料等。

（三）活动过程

1. 随剧目唱段操作布袋戏木偶引入，激发幼儿制作木偶头的兴趣。

提问：你们猜猜看，这是哪个角色？你是从哪里看出来的？

小结：这是布袋戏《大名府》中的丑角，小朋友们看得很仔细，除了她的衣服有别于其他角色，她脸上的一颗痣更让人容易分辨。

2. 逐一出示丑角、旦角、北角、生角的木偶头部特写图片，交流讨论。

提问：这是哪个角色的布袋戏木偶头呢？他的妆容是什么样子的？脸上都有些什么颜色？头饰搭配有什么特别的地方？

小结：不同角色的布袋戏木偶头是不一样的，例如公子丑脸上用白色水粉画了大块的"豆腐块"，媒婆丑的腮红采用叠加的方法进行制作。他们的头饰搭配采用了撞色的方法，更突显出闽南布袋戏的地方特点。

过渡语：今天我们要一起来制作布袋戏木偶头。

3. 介绍材料和制作方法，提出要求，鼓励幼儿根据自己的想法选择材料创作。

（1）出示操作材料。

引导语：今天老师为小朋友们准备了很多材料，有……小朋友们制作的时候可以把自己需要的材料放在操作盘里。

（2）介绍制作方法。

先用浅色超轻泥把保丽龙球均匀地包裹起来，再选择超轻彩泥、颜料或者辅助材料进行制作。

（3）提出要求：①认真观察自己喜欢的人物的头饰、妆面是什么样子的。②使用搓、压、粘的方法制作妆面和头饰。③使用颜料时，每上一层颜色都要等待一段时间，或者用纸扇扇干水迹才能叠加；注意颜色的搭配。

4.幼儿制作，教师巡视幼儿操作情况，根据能力差异进行针对性指导。

（1）重点指导幼儿用超轻泥叠加的办法来表现角色的特征。

（2）在幼儿用绘画的方式表现角色特征时，强调颜色的叠加需要有时间间隔。

（3）提醒幼儿使用竹签制作头饰的时候注意安全。

5.组合展示作品，感受成功的愉悦。

鼓励幼儿大胆介绍自己设计的布袋戏木偶头。

案例三：布袋衫，我来画（绘画）

（一）活动目标

1.尝试运用马克笔及辅料大胆地创作和表现布袋戏衫。

2. 能根据角色特征来绘制戏衫。

（二）活动准备

1. 经验准备：请家长与幼儿利用空闲时间观看布袋戏《大名府》，简单了解剧目中的角色特征。

2. 物质准备：《大名府》戏偶服装及相关图片、空白戏衫、马克笔、勾线笔、油画棒、亮片辅料、胶棒等。

（三）活动过程

1. 氛围布置，将戏偶服装和戏偶图片展示在活动室周围。

引导语：今天老师带了一些布袋戏偶的衣服，请你们来看看它们分别是《大名府》中哪个角色的服装。

2. 集体分享，引导幼儿说说自己喜欢的角色的戏衫特点。

（1）引导语：这些角色你最喜欢哪个？你知道他的戏衫有什么特点吗？和你的好朋友说一说。

（2）组织幼儿讨论，提问个别幼儿。

（3）小结：《大名府》中不同角色的戏衫都不一样。有的小朋友喜欢服装颜色艳丽的媒婆丑，有的小朋友喜欢穿银甲、衣服上绣着狮子头的生角。每个角色的戏衫颜色、图案都不一样，这些戏衫都很漂亮，各有特色。

3. 幼儿独立绘制戏衫，教师提醒注意颜色的选择。

（1）介绍材料。

（2）提出要求：①选择喜欢的角色并根据角色特征绘制戏衫。②大胆使用辅料进行装饰。

（3）幼儿创作，教师指导。

重点指导幼儿根据自己选择的角色的戏衫特点进行创作，鼓励幼儿运用亮片辅料进行装饰。

4. 集体欣赏，引导幼儿介绍自己画的戏衫。

引导语：谁来介绍下你画的戏衫呢？用了什么花纹？你最喜欢谁画的戏衫？为什么？

5. 活动延伸。

（1）组织幼儿在教师的帮助下操作自己制作的布袋戏木偶演绎剧目。

（2）家园合作：邀请家长入园观看幼儿表演，肯定幼儿的制作，提高幼儿对表演的兴趣。

五、主题活动小结

本次主题活动以布袋木偶戏为主线，把集中活动、区域活动、家园协作三者整合在一起，通过观看布袋木偶戏、手工、绘画等多种形式，促进幼儿对家乡木偶戏文化的了解，萌发他们热爱闽南民间艺术的情感，使优秀的闽南民间艺术能够代代相传，发扬光大。活动为幼儿提供丰富的材料，促使幼儿在观察、讨论、操作活动中丰富木偶表演的知识与操作经验，激发幼儿对家乡布袋木偶戏表演艺术的喜爱，同时让幼儿在与同伴的合作中，增进交往能力，培养关心他人等良好品质。

（一）充分感受与欣赏

《指南》提出，引导幼儿"喜欢自然界与生活中美的事物"。在观看布袋木偶戏表演时，引导幼儿发现、感受和欣赏闽南布袋戏木偶的特征，培养幼儿感官的敏锐性，让幼儿在真实情景中感知真实事物，并由此积累起丰富的感性经验，有助于激发幼儿热爱家乡的情感，提高幼儿的艺术表现能力。

（二）创设自由、宽松的欣赏环境

教师采用自主选择欣赏和集中欣赏的方法，让幼儿在审美对象的刺激下，自由地展开想象，产生一种以情感愉悦为主调的心理体验，获得独特的审美感受。

（三）营造宽松的心理环境，使幼儿敢于表达和表现

幼儿在自由、宽松的欣赏环境中，想象力得到充分激发，能够大胆表达自己的见解。在手工活动"布袋头，我来做"中，教师对不同水平的幼儿给予分层次的指导，注重引导幼儿积极思考，形成自己的见解，有效促进了不同能力

水平的幼儿在原有基础上获得进一步的发展。

六、资料链接

晋江布袋木偶戏又称南派布袋戏，是福建省晋江市一带的地方传统戏剧。因为早期此类型演出的戏偶偶身极像"用布料所做的袋子"，因此民间俗称"布袋戏"。它以泉腔演唱，有别于唱北调的漳州北派布袋戏。

2019年11月，国家级非物质文化遗产代表性项目保护单位名单公布，晋江市掌中木偶艺术保护传承中心获得晋江布袋木偶戏保护单位资格。

作为一种古老的地方民间艺术，晋江布袋木偶戏源头可追溯到晋代《拾遗记》及五代《化书》、南宋《己未元日》中的史料记载。晋江布袋木偶戏的剧目非常丰富，有生旦戏、武打戏、宫廷戏、审案戏等等，其中大多是一代一代承袭下来的传统剧目。布袋木偶虽细小却活灵活现，人物的五官、四肢都可以根据演员的操作千变万化，特别受幼儿园小朋友喜欢。为了弘扬闽南优秀传统文化，传承闽南人爱拼才会赢的精神，吸引更多人加入到布袋木偶戏的保护行列中，近年来晋江市掌中木偶艺术保护传承中心开展多场下乡、下校公益活动，为幼儿园小朋友量身定做《狼来了！》《狐狸与葡萄》等优秀儿童剧目。

（活动设计：吴舒若）

番 仔 楼
（大班）

一、主题由来

《〈3～6岁儿童学习与发展指南〉解读》提出："幼儿艺术教育的内容选择应关注艺术学科内容与幼儿已有生活经验的契合；选择那些既具有文化内涵，又符合幼儿自身特定的生活经验、愿望与情趣的作品，尤其让幼儿关注周围自然环境和生活中美的事物的欣赏与感受。"番仔楼是闽南一带特有的建筑。随着时间的流逝，番仔楼逐渐被破坏和消失，而随番仔楼一道消逝的不仅是闽南人儿时的回忆，更是一种文化。本次主题活动引导幼儿认识番仔楼的建筑风格，了解番仔楼的构造，感受闽南人的智慧与高超技艺，让幼儿用自己的眼睛来发现闽南番仔楼的建筑美，并通过美术形式表达对番仔楼建筑美的感受。

二、主题网络

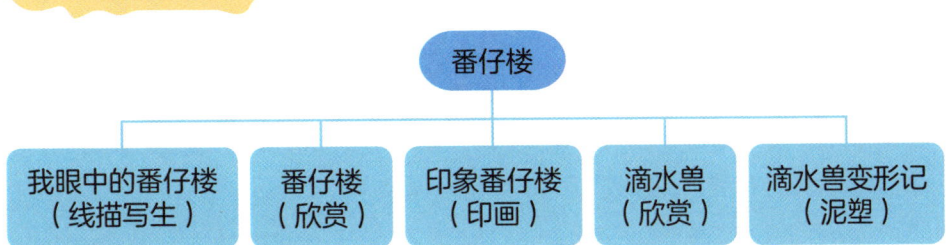

三、主题活动总目标

1. 通过调查、欣赏、创作等活动，初步了解番仔楼的建筑特色，感受番仔楼中西合璧的建筑艺术美。
2. 运用写生、印画、泥塑等方式，大胆表现番仔楼的特色美。
3. 通过对番仔楼的了解，激发热爱家乡的情感。
4. 在活动中与同伴共同完成作品，体验合作的乐趣。

四、主题活动案例

案例一：我眼中的番仔楼（线描写生）

（一）活动目标

1. 通过观察初步感受闽南番仔楼的造型美和装饰艺术特色。
2. 初步学会用线描写生的方法表现闽南番仔楼的外形特征。
3. 激发对家乡古建筑的热爱之情。

（二）活动准备

1. 经验准备：规划参观涴然别墅的路线，并与五店市传统文化旅游区管理人员联系，安排参观涴然别墅的事项。可请家长在活动前带幼儿了解涴然别墅的建筑特色及背景。

2. 物质准备：图画纸、马克笔、画板。

（三）活动过程

1. 以参观引入活动，激发幼儿参与活动的兴趣。

引导语：今天我们来到美丽的浣然别墅，一会儿请小朋友们参观欣赏时和小伙伴们说说你最喜欢浣然别墅的哪个地方以及为什么。

2. 幼儿参观浣然别墅。

教师重点引导幼儿寻找自己认为最美的角落，并说出自己喜欢的理由。

3. 通过观察活动引导幼儿了解番仔楼建筑特色及装饰特点。

提问：浣然别墅有哪些建筑特色？它的装饰有哪些特点？

小结：浣然别墅属于闽南番仔楼。番仔楼是一种中西合璧的闽南民居建筑，因为建筑样式中西合璧，与闽南传统古民居截然不同，且建筑材料多从南洋直接运输而来，故被称为番仔楼。番仔楼集闽南传统古民居与南洋建筑的优点于一体，设计师建筑想法各异，工艺价值高，各种石雕、砖雕、彩画、拼砖、灰塑等让人惊叹，是闽南侨乡的建筑瑰宝。

4. 提出作画要求。

（1）仔细观察最喜欢的角落，并大胆地画下来。

（2）合理安排画面。

5. 幼儿作画，教师巡回指导。

（1）重点指导幼儿合理安排画面，大胆表现自己喜欢的浣然别墅的角落。

（2）鼓励幼儿仔细观察局部装饰花纹，运用粗细不同的线条表现番仔楼的特征。

6. 展示幼儿作品。

鼓励幼儿与同伴分享自己的作品，并说说自己表现的是浣然别墅的哪一个角落，用了哪些线条和花纹来作画。

案例二：番仔楼（欣赏）

（一）活动目标

1. 欣赏番仔楼屋顶、门、窗、柱子上的图案，并用线描的形式进行表现。

2.激发对番仔楼造型、装饰的喜爱之情。

（二）活动准备

1.经验准备。
（1）幼儿学会吟唱闽南童谣《正月正》。
（2）请家长帮助幼儿丰富闽南文化特色的有关知识。
（3）请幼儿提前了解番仔楼在外观上与现代建筑的区别。

2.物质准备：番仔楼屋顶、门、窗、柱子图案的有关图片，视频《番仔楼由来》，图画纸，马克笔，胶棒。

3.环境创设：在主题墙上勾画出番仔楼的轮廓。

（三）活动过程

1.吟唱闽南童谣《正月正》引入，激发幼儿了解闽南文化特色的兴趣。

引导语：这是一首用闽南语吟唱的童谣，很有闽南特色。你们还知道什么有闽南特色的事物吗？

小结：闽南除了有好吃的小吃、独特的风俗外，还有一种很特别的房子，当地人称它为"番仔楼"，这些番仔楼还有很多有趣的故事在里面，一起来看看视频吧！

2.播放视频《番仔楼由来》，感受工匠们高超的建筑技艺。

提问：你看到的番仔楼是什么样子的？为什么会出现番仔楼这种房子？你觉得番仔楼美吗？它美在哪里？（重点指导幼儿观察番仔楼的屋顶、门、窗、柱子上的图案）

小结：工匠们用聪明的头脑和勤劳的双手，采用绘画、雕刻的方法，做出许多动物、植物的美丽图案来装饰番仔楼，使番仔楼变得更加漂亮。

3.出示图片，引导幼儿欣赏番仔楼屋顶、门、窗、柱子上的图案。
（1）幼儿欣赏番仔楼屋顶、门、窗、柱子上的图案，感受图案的对称美、色彩美。
（2）引导幼儿大胆表述对番仔楼的屋顶、门、窗、柱子上图案设计的想法。

4.幼儿分组设计，教师提出要求。

（1）引导语：如果让你们来设计番仔楼的屋顶、门、窗、柱子上的图案，你们想怎么设计？主题墙上有一座很大的番仔楼，但是它的屋顶、门、窗、柱子上都没有装饰，现在想请你们来帮忙设计。由于要画的内容比较多，我们要分成四组，屋顶、门、窗、柱子各一组，小朋友可以自由选择加入哪一组，画完后再把作品贴在这座番仔楼相对应的地方。

（2）提出要求：①每组操作人数不得超过8个人。②尽量想出与别人不一样的图案。③装饰的时候可以用图案装饰，也可以用线条进行有规律的装饰。

5. 幼儿绘画，教师观察指导。

指导能力强的幼儿大胆设计番仔楼屋顶、门、窗、柱子的图案。鼓励幼儿用线描的形式装饰番仔楼的屋顶、门、窗、柱子。

6. 将作品粘在主题墙上，同伴间相互交流，自然结束活动。

引导幼儿与同伴互相交流"我设计的番仔楼美在哪里"。

案例三：印象番仔楼（印画）

（一）活动目标

1. 运用阴刻的方式表现番仔楼的建筑构件。
2. 体验篆刻活动的乐趣，感受番仔楼的建筑美。

（二）活动准备

1. 经验准备：请家长带领幼儿参观五店市番仔楼，初步了解其建筑特点。
2. 物质准备：雕刻笔、记号笔、油泥、印泥、印油、湿毛巾、童印底板纸、PPT课件、幼儿绘制的番仔楼图画。
3. 环境创设：将幼儿拍摄的番仔楼照片在班级展出。

（三）活动过程

1. 观赏番仔楼照片，激发幼儿参与活动的兴趣。

（1）引导语：小朋友们去五店市欣赏番仔楼时拍了很多照片，我们一起来看看，和小伙伴们说说番仔楼的美吧。

（2）引导幼儿互相交流自己最喜欢的番仔楼的建筑特色。

2. 结合 PPT 课件，引导幼儿感知番仔楼的建筑特色美。

引导语：你觉得番仔楼最美的地方是哪里？为什么？

小结：番仔楼的方形廊柱、柱与柱之间的半圆拱门、花瓶状的栏杆、楼牌等都有鲜明的南洋风格。番仔楼还结合了闽南古厝的石条窗、花窗、红砖墙等元素，这些都让番仔楼成为闽南的一种特色建筑。

3. 介绍童印阴刻的方法。

（1）教师示范讲解童印阴刻的方法：今天我们要用阴刻的方法，把你认为的番仔楼最美的地方印出来。首先将你画好的番仔楼图画放在油泥上，再用记号笔描绘一遍，接着用雕刻笔将油泥上出现的线条挖出来。最后，将刻好的作品沾上印泥，并印在纸张上。

（2）提出要求：①雕刻时线条应流畅并挖得深一点。②完成作品后将材料收拾整理好。

4. 幼儿制作，教师巡回指导。

鼓励幼儿选择自己喜欢的番仔楼一角进行印画；重点引导幼儿刻印时注意线条的流畅平整。

5. 展示作品。

请幼儿互相欣赏，谈一谈、议一议最喜欢哪一幅番仔楼作品。

案例四：滴水兽（欣赏）

（一）活动目标

1. 通过欣赏滴水兽神态、造型及颜色，感受其工艺美。
2. 激发对闽南滴水兽的喜爱之情。

（二）活动准备

事先安排好参观路线，并联系讲解员。

（三）活动过程

1. 幼儿参观滴水兽，激发欣赏的兴趣。

（1）引导语：今天我们来到番仔楼寻找可爱的滴水兽，一会儿和你的好朋友一起找一找，看一看，说一说你们看到了哪些滴水兽，你们最喜欢哪只滴水兽。

（2）幼儿自由参观，重点引导幼儿观察滴水兽的造型、神态及颜色搭配。

2. 通过欣赏和讨论，感受滴水兽的工艺美。

（1）欣赏、感受滴水兽的神态及造型美。

提问：你看到了哪些滴水兽？你最喜欢哪只滴水兽？为什么？你能模仿一下你最喜欢的滴水兽的造型吗？

小结：有的小朋友喜欢庄严的狮子滴水兽，有的小朋友喜欢张着圆圆嘴巴的金鱼滴水兽，有的小朋友喜欢俏皮的麒麟滴水兽。我们看到金鱼、狮子、狻猊、麒麟、鸳鸯等造型的滴水兽在屋顶上朝下张开了嘴巴，这些滴水兽的神态可真有趣啊。

（2）感知滴水兽的装饰及色彩美。

提问：滴水兽身上都用了哪些装饰？

小结：滴水兽身上装饰的花纹有的是彩绘，有的是用瓷片堆剪出来的，通常采用红、绿、黄、蓝等中国的传统色彩。

（3）认识滴水兽的用途。

提问：滴水兽有什么用途呢？

小结：滴水兽是建筑中重要的排水构件，它下雨天能为屋顶排水，让雨水不会冲刷屋子墙壁，保护墙体。滴水兽还有驱赶妖魔鬼怪的寓意，保护房子的主人平平安安。

3. 请讲解员为幼儿介绍滴水兽的由来，活动自然结束。

案例五：滴水兽变形记（泥塑）

活动视频二维码

（一）活动目标

1. 尝试用剪、切、捏、刻等技法制作滴水兽筷子架。
2. 体验将闽南滴水兽制作成文创作品的乐趣。

（二）活动准备

1. 经验准备：幼儿提前了解滴水兽的相关知识，有陶艺制作的经验。
2. 物质准备：《老闽南——滴水兽》视频，滴水兽筷子架图片，软陶土，红、绿、黄、蓝颜料，画笔，勾线笔，木质陶刀人手一把。
3. 环境创设：在活动室周围布置番仔楼滴水兽图片展。

（三）活动过程

1. 观看《老闽南——滴水兽》视频，激发幼儿制作的兴趣。

引导语：今天老师带来一段有关滴水兽的视频，我们一起看一看。看完以后和你的好朋友说你最喜欢哪只滴水兽以及为什么。

小结：有的小朋友喜欢庄严的狮子滴水兽，有的小朋友喜欢张着圆圆嘴巴的金鱼滴水兽，有的小朋友喜欢俏皮的麒麟滴水兽，这些滴水兽的神态可真有趣啊。

2. 出示滴水兽筷子架图片，引导幼儿观察其特征。

引导语：随着科技的进步，滴水兽在现代建筑中已经没有使用。但它的造型、制作工艺却是闽南传统文化的一种象征，有些艺术家把滴水兽做成筷子架，送给远方来的朋友作为纪念品。我们也来做一个滴水兽筷子架送给朋友吧。

提问：滴水兽筷子架是什么样子的？和平常的筷子架有什么不一样的地方？

小结：滴水兽筷子架是依照滴水兽的外形制作的，将筷子架做成头尾高中间低，刚好中间可以放筷子。

3. 讲解滴水兽筷子架制作方法。

教师讲解制作方法：选择你喜欢的滴水兽造型，切一块大小合适的陶土捏出滴水兽的样子，要做得头尾高中间低才能放上筷子；用陶刀挖个口再捏光滑作为滴水兽张开的嘴巴；再用剪、刻的方法做出滴水兽的花纹，或者直接选择适合的颜料为滴水兽画上花纹。

4. 提出要求：将筷架做成头尾高中间低，架身要抹平。

5. 幼儿制作，教师指导。

教师重点指导幼儿用剪、切、捏、刻的技法制作滴水兽筷子架，提醒幼儿将滴水兽的嘴巴做大，表现出滴水兽可爱的样子。

6. 展示幼儿作品。

引导幼儿互相观赏，说一说谁做的滴水兽最可爱有趣。

五、主题活动小结

本次主题活动通过欣赏、写生、印画、泥塑等多种形式，引导幼儿在多角度感受欣赏番仔楼的外观设计、装修材料、建筑构件的基础上，运用美术技能表现自己眼中番仔楼的美，激发幼儿爱家乡的情感和艺术表现欲望。

在主题活动开展前，先通过亲子调查活动请家长带幼儿调查了解番仔楼的历史背景及建筑特色。在幼儿有知识经验准备的前提下，主题活动通过先整体后局部，先个人后小组的形式，一步步引导幼儿欣赏、感受、表现番仔楼的建筑美。活动安排幼儿运用线描写生的方式表现出番仔楼的整体建筑风格，再让幼儿通过印画表现番仔楼的建筑构件，通过小组作画与小伙伴共同设计番仔楼。

随着科技的发展，番仔楼的建筑构件滴水兽已经渐渐被取代，被历史封存，但滴水兽的艺术价值已经远远超过其实用价值。因此活动安排幼儿根据滴水兽的外形设计筷子架，既让幼儿感受滴水兽的工艺美，又让这一中西方文化碰撞交流的结晶在幼儿手中升华延续，让传统文化获得新生并融入当下人们的生活。

六、资料链接

（一）番仔楼

番仔楼，又称番客楼，是一种中西合璧的闽南（特别是泉州）民居建筑。番仔楼是闽南一带对于洋楼的称呼。番仔楼基本分为两类：一类是按照传统的闽南民居木结构营造技艺所建，即利用大木作作为受力结构；另一类是采用钢筋混凝土所建。这两类营造技艺不同，从外观上就可以看出分别，传统技艺营造的番仔楼，立面多采用传统的闽南红砖，而钢筋混凝土的则是水泥立面。一般来说，采用传统木结构营造技艺所建造的番仔楼所包含的中式元素和闽南传统工艺比钢筋混凝土的番仔楼多得多。

（二）滴水兽

滴水兽，又名雨漏，是建筑输水管道喷口终端的一种雕饰。它是中国传统兽类辟邪的一种演变形式。早期的滴水兽为灰塑，现场制作成型，造型多变。匠人有时也在灰塑滴水兽的外部进行彩绘上色，完善造型。但灰塑滴水兽的灰浆直接暴露在外，容易受到雨水等外部环境的影响侵蚀，因此后来剪瓷被用于滴水兽的保护和装饰。随着水泥的普及，它代替了原有的石灰，滴水兽的制作工艺得到了简化，耐久度也有所提升。部分滴水兽的造型也出现明显的变化，由兽类造型变为花朵造型，当然这样的滴水兽也失去了与兽类辟邪的联系。时至今日，现场制作滴水兽的工艺已经基本失传，而掌握剪瓷技术的匠人也消失殆尽。

（活动设计：蔡晓华）

 **摩 尼 光 佛**

（大班）

一、主题由来

  闽南寺庙佛堂众多，晋江草庵寺更是闻名遐迩，有世界仅存的一尊摩尼教石雕佛像，世称"摩尼光佛"。如今草庵已经"入乡随俗"，融汇了闽南地区的民间信仰，引来海内外信众朝圣，俨然成了泉州多元包容文化的典型代表。大班幼儿已经有了一定的美术欣赏基础，具有较好的艺术欣赏能力。本次主题活动基于幼儿丰富的生活经验，选择摩尼光佛作为美术内容，让幼儿欣赏摩尼光佛的主要特征，体验民间祈福的美好寓意，进一步提高幼儿的欣赏能力。《3～6岁儿童学习与发展指南》提出："幼儿艺术领域学习的关键在于充分创造条件和机会，在大自然和社会文化生活中萌发幼儿对美的感受和体验。"教师要不断地发现生活中美的事物，并用适宜的方式将美的事物呈现给幼儿，丰富幼儿的审美感受和体验。选择装置艺术作为展示作品的载体，可让幼儿发现不一样的美感。利用轻盈的薄纸、纤细的竹子以及灯光的效果，让幼儿在感受艺术美的同时，加深对作品的理解和认识，了解草庵和摩尼教石刻都是摩尼教在我国传播时留下的珍贵历史遗迹。

二、主题网络

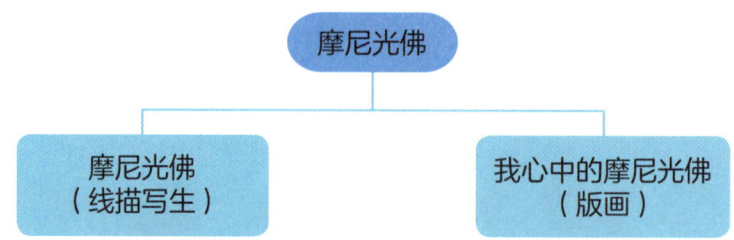

三、主题活动总目标

1. 通过参观与调查等活动，了解晋江草庵摩尼光佛是目前世界仅存的一尊摩尼教石雕佛像，萌发对家乡的自豪感。
2. 运用写生、版画等不同的美术表现手法，表现摩尼光佛的造型美和艺术特色，提高艺术鉴赏力和表现力。
3. 在与家长、老师和同伴的交流中，大胆表达与表现，不断丰富自己的相关经验，体验欢乐祥和的气氛。

四、主题活动案例

案例一：摩尼光佛（线描写生）

（一）活动目标

1. 根据摩尼光佛的造型，大胆表现其形态特征。
2. 较好地运用线描写生的方法进行创作，体验线描写生的乐趣。

（二）活动准备

1. 经验准备：幼儿有静物写生的经验；请家长与幼儿参观摩尼光佛，收集

有关摩尼光佛的资料。

2. 物质准备：圆形纸张、彩色马克笔、勾线笔、双面胶、圆形竹编、剪刀、绳子。

（三）活动过程

1. 欣赏佛像，感受其造型、装饰花纹等的特点。

提问：摩尼光佛是什么样子的？身上有什么花纹？给你什么样的感觉？

小结：摩尼光佛是利用不同颜色的岩石巧妙地雕刻而成的，背后有光芒四射的花纹。佛像端坐在圆龛上，面容圆润，身上穿着僧衣，衣服上有对称的花纹，胸襟前面打着蝴蝶形状的结带，双手相叠平放，给人一种神态庄严的感觉。

2. 局部欣赏，感受独特的圆圈浅龛及佛光的排列方式。

提问：你们觉得佛像特别的地方在哪里？佛像头部周围背景刻有什么？

小结：圆龛内利用不同颜色的岩石雕刻摩尼光佛的头部、身体和手。长方形面孔呈现辉绿岩颜色，手显粉红色，身上的衣服呈灰白色。头部周围背景刻有 18 条放射状佛光，有红、绿、黄、白四种颜色。

3. 幼儿表现创作，教师根据幼儿实际情况适时指导。

（1）提出要求：①认真观察摩尼光佛的造型和装饰花纹。②用自己喜欢的线条及图案大胆绘画。

（2）幼儿创作，教师根据幼儿实际情况适时指导。

指导幼儿用粗细不同的线条表现，在尊重原物的基础上表现新的创意；指导幼儿合理布局画面，并大胆表现。

4. 互动欣赏，评析作品。

从作品的形态、布局合理性等方面进行互动评析。

5. 幼儿作品展示。

幼儿用剪刀按照圆形竹编轮廓将图画剪下，并粘贴在竹编上，在竹编背后绑上绳子。幼儿的作品一层一层地悬挂在光影交织的背景下，摩尼光佛更显庄严。

案例二：我心中的摩尼光佛（版画）

（一）活动目标

1. 用简单的线条大胆表现摩尼光佛的外形特征。
2. 尝试运用吹塑板进行油印，体验版画制作的乐趣。

（二）活动准备

1. 经验准备。
（1）幼儿已有参观摩尼光佛、绘画摩尼光佛的经验。
（2）幼儿已有制作版画的经验。
2. 物质准备：吹塑板、图画纸、版画工具盒、滚轮、油墨颜料、竹签刻笔、夹子若干。
3. 环境创设：将幼儿提供的摩尼光佛照片在班级展出。

（三）活动过程

1. 自主观察，激发兴趣。

（1）参观摩尼光佛照片展。

引导语：上次我们参观了草庵寺，小朋友们带回了许多摩尼光佛的照片，我们一起来看看。

（2）指导幼儿观察摩尼光佛的外形特征。

引导语：摩尼光佛特别的地方在哪里？和其他寺庙的佛像不一样的地方在哪里？

小结：草庵寺的摩尼光佛是世界仅存的一尊摩尼教石雕佛像。摩尼光佛和其他寺庙里的佛像不一样的地方在于，摩尼光佛头部呈辉绿岩颜色，胸前有蝴蝶形状的结带，双手相叠平放，衣褶上的线条简朴流畅，用对称的纹饰表现那个时代的风格，背后还雕刻佛光四射纹饰。

2. 捕捉形象，大胆刻画。

（1）讨论版画制作的方法。

引导语：怎样才能刻画出摩尼光佛的样子呢？

（2）提出版画制作的要求：①认真观察摩尼光佛的造型和花纹，并大胆刻画出来。②制作版画时，要用夹子固定好吹塑板和图画纸，涂完颜料后印一下。

3. 幼儿表现创作，教师适时指导。

（1）指导幼儿观察摩尼光佛的形象，把摩尼光佛的主要特征表现出来。

（2）指导幼儿进行版画制作时，涂完颜料后印一下。

4. 评析作品，互动交流。

从作品的形态、布局合理性等方面进行互动评析。

五、主题活动小结

本次主题活动可分为两个课时进行。第一课时，主要是感受和欣赏摩尼光佛庄严的神态以及造型、结构等，采用线描写生的表现手法进行简单的创作。让幼儿用线条表现不同方向的佛光及摩尼光佛身上的服饰其实还是有一定难度的，活动巧妙地通过以下策略来化解这个难题。首先，在生活中，通过肢体动作的体验和模仿，让幼儿感受到服饰会因不同坐姿、站姿产生不同的变化。其次，有重点地带领幼儿局部欣赏，观察摩尼光佛身穿对称纹饰的宽袖僧衣，胸前打蝴蝶形结带，双手相叠平放，神态庄严等特征。通过这些策略巧妙地支持幼儿解决创作中可能遇到的难点，既给予幼儿技能方面的隐性指导支持，又进一步拓宽幼儿的表达空间。第二课时，引导幼儿自主观察摩尼光佛，用版画的形式创作表现摩尼光佛。在创作的过程中，引导幼儿自主观察，捕捉摩尼光佛的形象并大胆刻画，让幼儿在操作过程中体验版画制作的效果及乐趣，用自己喜欢的形式大胆地表达情感、理解和想象。最后值得一提的是作品的展示方法，将作品置于装置艺术中，在光影、竹编构成的层层背景烘托下，摩尼光佛更显庄严。

本次主题活动有以下亮点：第一，从生活中来，到生活中去。活动主题来源于生活。草庵寺地处晋江，每逢节日，家长会带幼儿到寺庙中祈福，体验欢乐祥和的气氛，幼儿对这种祈福活动具有一定的生活经验。第二，作品的展示方面，将装置艺术布置在幼儿园混龄分区环境中，这样幼儿的努力和获得的成果都将成为幼儿园环境的一部分，这是一件很有成就感的事情，让每个幼儿都能体现自己的价值，真正成为环境的主人。

六、资料链接

坐落在福建泉州市晋江华表山南麓的草庵寺为摩尼教寺，始建于宋绍兴年间，庵内依崖凿有一圆形佛龛，直径1.68米，龛内浮雕一尊摩尼光佛坐像。佛像身高1.52米，宽0.83米，头部长0.32米，宽0.25米，长方形面孔呈现辉绿岩颜色，背后有佛光四射纹饰。佛像端坐圆龛，面容圆润，眉毛隆起，嘴唇薄，嘴角线深显，下颚圆突。身穿宽袖僧衣，胸前打结带，无扣，结带用圆饰套束蝴蝶形，向两侧下垂于脚部，双手相叠平放，神态庄严肃穆，衣褶简朴流畅，用对称的纹饰表现时代风格。

（活动设计：洪海婴）

镇风神武的风狮爷

（大班）

一、主题由来

在一次秋游时，孩子们被晋江五店市历史文化街区中造型独特、色彩鲜艳的风狮爷吸引住了："老师，这是狮子吗？怎么不太像狮子啊？""你看，它好可爱啊！""老师，它怎么拿着一个葫芦？"这一个个问题引导着教师和幼儿一起寻找答案。通过查找资料，孩子们知道风狮爷的造型主要有立姿、蹲踞两种。除了萌萌的蹲踞风狮爷，在五店市的大夫第路口旁还有一尊身披红缎、三四十厘米高的立姿风狮爷，但因年代久远，已被风化，头部变得酷似圆形，也看不清五官和躯干了。目前，历史遗存的村落型风狮爷在台湾、闽南地区多达百余座，但离我园最近的风狮爷要数五店市风狮爷了。基于以上调查，本次主题活动从孩子们喜欢的蹲踞风狮爷导入，这些风狮爷用泉州白石制作，类似卡通石狮，造型可爱，怀揣着各种不同的法器，象征着人们对于美好生活的不同愿望。

本次主题活动设计了与风狮爷有关的系列活动，通过感受与欣赏，引导幼儿用自己喜欢的方式进行创意表征，在闽南文化与现代美术的有机融合中，让幼儿体验创作的乐趣，从而萌发爱家乡的情感。

二、主题网络

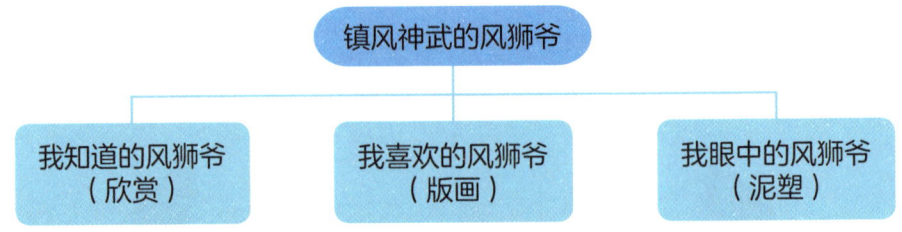

三、主题活动总目标

1. 了解风狮爷的文化内涵，萌发对家乡的热爱之情。
2. 通过欣赏活动，了解、感受风狮爷造型的独特之美。
3. 通过线描画、版画和泥塑表现闽南风狮爷的造型特点，提高艺术鉴赏力和表现力。

四、主题活动案例

案例一：我知道的风狮爷（欣赏）

（一）活动目标

1. 了解风狮爷的文化内涵，萌发对家乡的热爱之情。
2. 欣赏各式各样的风狮爷，感受风狮爷造型的独特之美及其寓意，并尝试用绘画的方式表现风狮爷。

（二）活动准备

1. 经验准备：请家长和幼儿共同收集风狮爷的相关资料。
2. 物质准备：幼儿秋游时拍摄的风狮爷照片、视频短片（介绍风狮爷）、风狮爷电子图片（展示各式各样的风狮爷）、美术纸和记号笔人手一份。

（三）活动过程

1. 出示秋游照片，导入活动。

引导语：看，这是什么？我们当时看到了什么？

小结：我们当时在五店市的商铺里看到了很可爱的风狮爷。

过渡语：老师还为你们准备了一个视频短片。关于风狮爷你有哪些问题？让我们一起看看这些问题能不能在视频中找到答案吧。

2. 引导幼儿观看视频，初步了解风狮爷的文化。

引导语：风狮爷的造型像什么？在人们看来，风狮爷有什么本领？

小结：风狮爷是狮面人身的造型，有的站立，有的蹲着。风狮爷由庙宇门口的石狮子演变而来，传说它能把风吃掉，寄托了人们镇风辟邪的美好愿望。

3. 欣赏风狮爷图片，感受风狮爷造型的独特之美。

引导语：你喜欢哪个风狮爷？（根据幼儿的回答点击相应的图片）它和其他风狮爷有什么不一样？它的表情和动作是怎样的？你能学一学它的表情和动作吗？

小结：大家喜欢的风狮爷都不一样，风狮爷一般是圆眼凸出，鼻头宽阔，龇牙咧嘴。它们怀揣着不同的法器，代表着人们对于美好生活的不同愿望。

4. 引导幼儿讨论风狮爷，尝试创作。

（1）引导幼儿讨论风狮爷。

引导语：如果请你为风狮爷画像，你想画哪一只风狮爷？试一试，把它画下来吧！

（2）提出要求：①用简单的线条大胆画出自己喜欢的风狮爷的外形特征。②注意比例，尽量把画面画满。③画完后收拾好绘画工具。

（3）幼儿创作，教师巡回指导。

引导语：大胆画出风狮爷的造型，用线条表现出来吧！

教师巡回指导幼儿画出风狮爷的造型，重点引导幼儿注意风狮爷的表情。

5. 展示幼儿作品，拓展交流。

引导语：画完后，试着和同伴说一说你喜欢谁画的风狮爷，以及它美在哪里。

小结：你们画的风狮爷都不一样，都有各自的特点，老师都很喜欢。

案例二：我喜欢的风狮爷（版画）

活动视频二维码

（一）活动目标

1. 尝试运用吹塑板制版进行油印，体验版画制作的乐趣。
2. 用线条表现风狮爷的造型特点，进一步了解风狮爷的独特之处。

（二）活动准备

1. 经验准备。

（1）幼儿对风狮爷有初步的认识。

（2）幼儿已有制作版画的经验。

2. 物质准备：吹塑板、滚轮、油墨颜料、铅笔、宣纸、夹子、围兜、背景音乐南音《直入花园》、介绍风狮爷的PPT。

3. 环境创设：布置风狮爷展览会。

（三）活动过程

1. 出示图片，谈话激趣。

引导语：我们来看看谁来了？（出示PPT图片）风狮爷像什么？上次我们认识了风狮爷，它有什么本领？

小结：原来风狮爷长得很像狮子，还有镇风辟邪的本领，所以叫风狮爷。人们太喜欢它了，赋予它很多的本领。

过渡语：今天老师还把风狮爷请到我们幼儿园了，我们一起去看看吧！

2. 参观展会，感受欣赏。

引导语：你可以走一走、看一看，和同伴说一说，风狮爷长什么样，拿着什么法器以及它有什么本领。

提问：风狮爷长什么样子？它有什么本领？

小结：你们观察得真仔细，风狮爷看起来像狮子，脸上有两个圆圆的大眼睛和大大的嘴巴，嘴巴里有长长短短的獠牙，还有螺旋纹的鬃毛。拿着不同法器的风狮爷，它们的本领各不相同，有的能镇风辟邪，有的能保平安，还有的能带来好运。

3. 尝试创作，大胆表现。

（1）引导语：请把你看到的风狮爷的样子画出来。

（2）提出要求：①认真观察，把风狮爷的样子和本领表现出来。②制作版画时，要用夹子固定好吹塑板和宣纸，涂完颜料后印一下。③保持画面的整洁清晰。

（3）幼儿制作，教师观察指导。

引导幼儿观察风狮爷的形象，把风狮爷的主要特征表现出来；引导幼儿在进行版画制作时，涂完颜料后印一下；提醒幼儿保持画面整洁。

4. 展示作品，欣赏交流。

引导语：和你的好朋友说一说，你画的是哪一只风狮爷，以及它有什么本领。

案例三：我眼中的风狮爷（泥塑）

（一）活动目标

1. 运用搓、团、压、捏、挖等技法塑造风狮爷的头部造型。
2. 欣赏风狮爷的独特造型，体验泥塑活动的乐趣。

（二）活动准备

1. 经验准备：幼儿初步认识惠安女斗笠和南音琵琶。
2. 物质准备。
（1）陶泥、小木板人手一份，泥塑工具每组一份，泥塑斗笠和琵琶若干，风狮爷伴手礼（"阿惠"和"阿南"）。
（2）惠安女斗笠图片、南音琵琶图片、背景音乐南音《风打梨》、课件。

（三）活动过程

1. 变一变，引出活动主题。
（1）教师表演魔术"移形换位"，激发兴趣。

引导语：你们知道这是什么吗？（出示惠安女斗笠图片与南音琵琶图片）今天老师带来一个魔术表演，我要把泉州地区特有的惠安女斗笠与南音琵琶变到风狮爷身上。魔术开始喽！

（2）魔术表演：教师念"巴拉巴拉变"，念到最后一个字时，掀开用红布盖着的风狮爷（"阿惠"和"阿南"）。

2. 看一看，欣赏风狮爷。
（1）结合实物，引导幼儿围绕风狮爷的造型美和色彩美说一说。（从整体观察）

提问：它们的造型是什么样的？你们能学一学吗？

过渡语：哇！你们都学得很像。除了刚才我们看到的两个风狮爷，它们还有很多兄弟姐妹呢。瞧！还有哪些颜色的风狮爷呢？（出示课件，展示不同颜色的风狮爷）

小结：泉州人将风狮爷设计成文创礼品，有红、黄、蓝、黑等颜色，它们的手上拿着斗笠或琵琶，不同颜色的风狮爷代表着不同的寓意。这两个站立式风狮爷中，拿着惠安女斗笠的叫"阿惠"，拿着南音琵琶的叫"阿南"，分别代表着泉州两种最有特色的文化元素——惠安女和南音。

（2）结合课件，引导幼儿围绕风狮爷的面部特征及表情说一说。（从局部观察）

引导语：它们的脸上有什么？表情有什么区别？

小结：它们有线状的眉毛和鬃毛，有尖尖、大大的獠牙，还有圆形凸出、笑眯眯的眼睛。它们的表情也不一样，有的张口，有的闭口。"阿南"怀抱琵琶吟唱，张开嘴，寓意是将厄运吐出；"阿惠"手持惠安女斗笠，合嘴，寓意是把幸福留在家中。

3. 说一说，明确制作方法和要求。

（1）引导语：我们要怎样制作风狮爷呢？请小朋友们看一看、想一想、说一说。

（2）介绍创作材料，引导幼儿讨论制作方法。

（3）通过课件引导幼儿了解制作方法。

（4）提出要求：①大胆创作，把"阿惠"或"阿南"头部的造型表现出来。②可以使用泥塑工具，做出张嘴的样子和头部的纹理。

4. 做一做，尝试完成作品。

（1）引导语：小朋友们可以借助之前制作的泥塑斗笠和琵琶更好地美化作品，想要自己重新创作斗笠和琵琶也可以。

（2）幼儿分组创作，教师巡回指导。

教师引导幼儿使用泥塑工具刻画细节，重点指导制作"阿南"的幼儿借助工具做出风狮爷张嘴的样子。

（3）鼓励个别幼儿大胆尝试给风狮爷做出不同的创意表情。

5. 看一看，欣赏自己和同伴的作品。

（1）展示幼儿作品，引导幼儿互相欣赏、交流。

引导语：你做的是"阿惠"还是"阿南"？你喜欢哪个风狮爷？和小伙伴说说你的理由吧！

（2）延伸活动：将创作材料投放在美工区，让幼儿继续创作，体验成功的乐趣。

五、主题活动小结

本次主题活动源于一次秋游活动中幼儿的兴趣点，他们被萌萌的风狮爷造型吸引住了。为此，教师与幼儿展开了对风狮爷相关信息的搜集与调查，随着调查活动的开展，主题活动也随之产生。结合《3～6岁儿童学习与发展指南》中艺术领域的要求，根据大班幼儿的年龄特点，活动选择以风狮爷的卡通形象为切入点，以欣赏、版画、泥塑等活动形式支持幼儿的创作。活动具有以下三个亮点：多种感官参与，激发幼儿的兴趣；提供适宜材料，支持幼儿的创作；利用评价契机，倾听幼儿的艺术语言。活动旨在让幼儿感受到传统文化不是"过去式"，而是"现在式"或"将来式"。泉州是风狮爷的故乡，将狮子的吉祥文化与泉州惠安女和南音相结合，更容易将海丝文化向外推广。未来计划设计更有挑战性的活动，让幼儿主动积极地思考与探究，围绕风狮爷元素，拓展制作出更多具有实用性的日常用品，如冰箱贴、汽车摆件、筷子架等。

六、资料链接

风狮爷又称风狮、石狮爷、石狮公，其造型主要有立姿、蹲踞两种，立姿在比例上四肢显得细小。有的风狮爷高达385厘米，有的仅22厘米，刻制工艺粗糙细致不一。面部一般为圆眼凸出，鼻头宽阔，龇牙咧嘴。

闽台风狮爷信俗已入选福建省第三批省级非物质文化遗产名录项目。其造型推测是由庙宇门口的石狮形象演变而来，狮子为百兽之王，狮子的形象被用作辟邪招福，寄托了中国民间一种祛邪、避灾、祈福的美好愿望。

福建南部风季长，风速高，当地居民为了防止风害，设立了风狮爷来镇风止煞。后来风狮爷由镇风止煞转为无所不能的"万能神"。现在，风狮爷已发展为门前石狮镇邪，人们往往于大门口两旁各竖立一石狮，昂首雄踞，既作镇邪之用，亦作艺术品点缀。

风狮爷是佛、道、俗三种文化的结合。它是沿海人民对风灾的恐惧的产物，代表着沿海人民对于风平浪静生活的祈愿，它汇集了佛教信仰、道教风水观念和闽南当地的民间俗信，是闽南地区极具特色的文化景观。

（活动设计：姚若云）

印象闽南古厝
（大班）

一、主题由来

晋江市第三实验幼儿园地处闽南地区，毗邻五店市，也就是晋江有名的闽南古厝群。闽南古厝是闽南特有的建筑，这些"官式大厝"又名"皇宫起"。家长们经常带幼儿参观五店市里的闽南古厝，故幼儿对于闽南古厝有较为深入的了解。

闽南古厝体现了闽南人对生活的美好祈愿，也酝酿出丰富多彩的建筑表达，形成了红砖文化深沉而独特的底蕴。为了让幼儿进一步了解闽南古厝的建筑构造及特点，感受劳动人民的智慧与技艺，本次主题活动尝试将闽南古厝与幼儿美术活动相结合，探索用更加创新、系统的形式来表现闽南古厝。在绘画角度上，采用了屋脊—出砖入石（墙面）—古厝整体造型的顺序，循序渐进地引导幼儿从易到难参与到美术活动中；在表现形式上，采用了线描画、水粉画、拓印装饰画、水墨画、装置艺术等创作手法，激发了幼儿的无限灵感。

二、主题网络

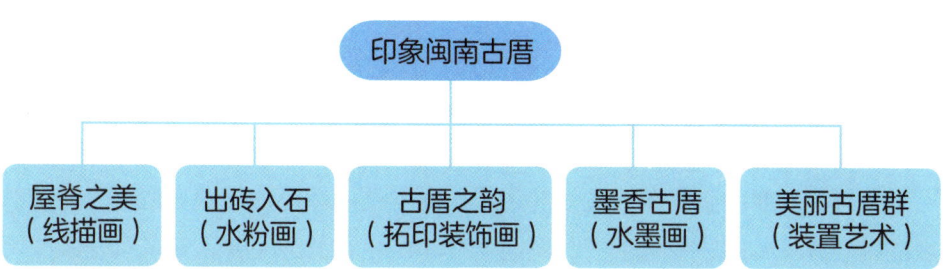

三、主题活动总目标

1. 欣赏、感受闽南古厝的屋脊、墙面及整体造型的独特之处。
2. 尝试用线描画、水粉画、印画、水墨画、装置艺术等形式,表现古厝的屋脊、墙面及整体造型。
3. 喜欢美术活动,乐意与同伴合作进行美术创作。
4. 知道闽南古厝是家乡特有的建筑,激发爱家乡的情感。

四、主题活动案例

案例一:屋脊之美(线描画)

(一)活动目标

1. 欣赏闽南古厝的屋脊,了解燕尾脊的造型特点和图案花纹。
2. 尝试用线描画表现古厝屋脊的造型及花纹。
3. 乐意与同伴合作绘画屋脊。

(二)活动准备

1. 经验准备:活动前请家长带领幼儿观察闽南古厝的屋脊。
2. 物质准备:幼儿拍摄的古厝屋脊照片若干、马克笔若干、纸板每组一块。

（三）活动过程

1. 欣赏古厝屋脊照片，初步感知屋脊的特点。

（1）观察屋脊的造型。

引导语：这是你们跟家人一起去五店市拍的古厝屋脊的照片。我们一起来看看古厝的屋脊是什么样子的，又有什么特点。

小结：古厝的正脊做成曲线的形状，两端往上翘起，就像弯弯的月亮。然后在尾端分叉为二，就像燕子的尾巴一样，所以称为燕尾脊。燕尾脊是闽南传统建筑中最常使用的建筑形式，从正面看和从侧面看，燕尾脊有着不同的美感。

（2）引导幼儿观察屋脊局部。

引导语：古厝的屋脊除了造型很特别之外，屋脊上还装饰了漂亮的花纹与图案。请你和好朋友说一说，你最喜欢哪个图案。

小结：人们一般会运用不同的云纹、神兽装饰燕尾脊，这些装饰图案代表着人们的美好愿望。

2. 介绍材料，分组讨论。

引导语：今天老师准备了马克笔、纸板，我们要在纸板上用线描画的形式绘画古厝屋脊。在活动前，我们已经自由分好小组了，请各小组讨论一下要怎么画才能更好地表现古厝的屋脊。

小结：有的小组要画屋脊的正面，有的小组要画屋脊的侧面，每个小组观察、绘画的角度都不一样，这样画出来的屋脊会各有特色。

3. 提出要求，幼儿分组创作。

（1）提出创作要求：①小组成员要商量好分工。②先画屋脊的造型，再用线条添画装饰物或花纹。③绘画时要注意不要画到纸板外。

（2）幼儿分组创作，教师巡回指导。

教师重点指导幼儿从不同的角度绘画屋脊，并用各种线条和图案进行装饰。

4. 展示作品，集体欣赏。

引导语：谁来介绍一下你们的作品？可以围绕屋脊的造型或者装饰线条及图案来说一说。

案例二：出砖入石（水粉画）

（一）活动目标

1. 欣赏、感受闽南古厝"出砖入石"的建筑特点及层次感。
2. 尝试用线条和色彩表现"出砖入石"的墙面特征。
3. 体验合作创作的乐趣。

（二）活动准备

1. 经验准备：幼儿已参观过闽南古厝，初步了解古厝"出砖入石"的建筑特点。

2. 物质准备：马克笔、排笔、水粉颜料若干，毛巾5块，纸板5个，水桶10个，幼儿画的古厝屋顶。

3. 环境创设：布置"闽南古厝照片展"。

（三）活动过程

1. 情景激趣，欣赏古厝"出砖入石"的特点。

（1）教师带领幼儿参观"闽南古厝照片展"，初步感受"出砖入石"的建筑特点。

引导语：小朋友们，小剧场里正在举办"闽南古厝照片展"，我们一起去看看古厝的墙面是什么样子的，又有什么特点。你们可以边看边和好朋友说一说。

（2）交流分享。

提问：古厝的墙面是什么样子的？有什么特点？

小结："出砖入石"是闽南古厝的一种独特的砌墙方式，是用各种形状的石材、红砖和瓦砾交错堆叠在一起的，看起来很有层次感。用这种方法砌墙不但坚固防盗、冬暖夏凉，而且古朴美观。

2. 交流讨论如何更好地表现"出砖入石"。

引导语：今天老师准备了马克笔、排笔、水粉颜料和纸板，我们要用水粉颜料画出古厝"出砖入石"的墙面，你们觉得怎么画会更好？

小结:"出砖入石"的墙面是通过砖与石的对比让墙面看起来更有层次感,你们可以用红色的砖与灰色的石搭配来表现。老师还准备了白色颜料,如果你们需要,可以自己取用。

3.幼儿创作,表现古厝"出砖入石"的特征。

(1)提出创作要求:①六人一组,先讨论如何画,再开始分工合作。②先用马克笔画,再用水粉颜料涂色,画完后将墙面和之前画的屋顶组合摆好。③如果手沾到颜料,应用湿毛巾擦干净,不要将颜料沾到纸板上。

(2)幼儿合作创作,教师巡回指导。

重点指导幼儿用线条和水粉颜料表现古厝"出砖入石"的墙面特征。

4.欣赏作品,分享小组合作创作的乐趣。

引导语:请每个小组选一名代表来介绍你们的作品,要说出作品里特别的地方。

案例三：古厝之韵（拓印装饰画）

（一）活动目标

1. 欣赏、感受闽南古厝的建筑特点及造型美。
2. 大胆尝试用拓印装饰的形式自由表现闽南古厝。
3. 体验合作玩墨创作的乐趣。

（二）活动准备

1. 经验准备：活动前让幼儿观察古厝的造型，并作记录。
2. 物质准备：古厝的图片、各种形状不一的积木、墨水、红色勾线笔、宣纸、画架、底板、美术衣、湿巾。

（三）活动过程

1. 交流分享，了解古厝的造型。

（1）幼儿与同伴交流自己的发现。

引导语：小朋友们，你们前几天带着记录表去参观古厝，有什么发现呢？古厝的造型是怎样的呢？请你拿着记录表跟旁边的好朋友说一说。

（2）集体交流分享。

引导语：你们看到的古厝造型是怎样的？你最喜欢古厝的哪些地方？（引导幼儿从闽南古厝的造型特点进行欣赏：屋顶是什么形状的？房子是什么形状的？）

小结：古厝是闽南有代表意义的一种建筑，它是由红砖、青石、赤瓦等搭建而成，屋顶有两端微翘的燕尾脊，这是闽南特有的，就像古代的皇宫一样。古厝的墙壁、屋檐、屋脊上还装饰了精致的花纹和图案。

2. 出示材料，支持创新。

（1）介绍积木玩法。

引导语：老师今天带来了你们平时玩的积木，积木也可以用来画画。你们觉得可以怎么画？

小结：原来用积木画画有很多种方法，可以印、刷、转，只要是你们觉得可行的玩法都可以试一试。

（2）借助图片，支持构想。

引导语：印完之后怎样让古厝更漂亮？我们可以怎么做？（添画花纹、大门、台阶等）

3. 幼儿创作，表现闽南古厝的特征。

（1）提出创作要求：①五人一组，先讨论再开始拓印古厝的造型。②拓印完用红色勾线笔在古厝上装饰美丽的花纹、大门、台阶等。③如果手沾到墨水，要用湿巾擦干净，不要将墨水沾到宣纸上。

（2）幼儿合作创作，教师巡回指导。

重点指导幼儿合作拓印及装饰，鼓励幼儿表现古厝的特征及细节。

4. 欣赏作品，分享创作乐趣。

引导语：请每组派一个小朋友来介绍作品，说说你们是怎么拓印、添画的。

案例四：墨香古厝（水墨画）

（一）活动目标

1. 了解闽南古厝的外形特征。
2. 大胆用浓墨、淡墨表现闽南古厝的造型。
3. 体验玩墨的乐趣，感受闽南古厝的美。

（二）活动准备

1. 经验准备：幼儿参观过闽南古厝，对古厝有一定的认识，了解古厝的建筑特征。
2. 物质准备：毛笔、墨水、宣纸、湿巾、毛毡布人手一份，江南水乡与闽南古厝的水墨画。
3. 环境创设：将古厝照片张贴在活动室周围。

（三）活动过程

1. 欣赏画作，初步感受水墨画的特点。

引导语：这是江南地区小朋友们画的江南水乡，你们看看，有什么特别的地方？

小结：江南水乡的建筑以黑色和白色为主，有一种朦胧的美感，跟我国特有的水墨画风格非常契合。

2. 幼儿观察，对比江南水乡与闽南古厝。

引导语：我们幼儿园附近的五店市历史文化街区，那里有一片美丽的闽南古厝群。一些大哥哥、大姐姐也尝试用水墨画的形式将古厝画了下来，我们一起来欣赏一下吧！你觉得江南水乡与闽南古厝有什么不同之处？

小结：江南水乡的建筑临水而建，颜色以黑白为主；闽南古厝则建在平地上，建筑材料以红砖青石为主，屋檐上装饰丰富的图案。

3. 教师提问，引导幼儿了解水墨画。

提问：你知道这些作品是用什么画出来的吗？

小结：是用毛笔和墨汁画成的，墨汁又可分为浓墨和淡墨，将浓墨和淡墨结合起来，画出来的作品很有层次感和美感。

4. 自主作画，教师巡回指导。

（1）引导语：大家想不想自己来试一试用墨汁绘画闽南古厝？

（2）提出作画要求：①用淡墨和浓墨搭配表现古厝的不同部分。②蘸墨时注意墨汁不要过多。③注意画面的布局和整洁。

（3）幼儿自主作画，教师巡回指导。

教师重点指导幼儿用浓墨和淡墨表现古厝的不同部分。

5. 欣赏作品，分享创作乐趣。

引导语：请小朋友介绍自己的作品，可以说一说你用浓墨和淡墨分别表现了古厝的哪些部分。

案例五：美丽古厝群（装置艺术）

（一）活动目标

1. 了解闽南古厝群排列的规律。
2. 尝试用拼插的方式表现古厝错落的艺术感。
3. 体验合作进行装置艺术创作的乐趣。

（二）活动准备

1. 经验准备：幼儿已参观过古厝，了解古厝。
2. 物质准备：将《墨香古厝》喷绘在 PVC 板上，草稿纸、画笔、古厝群照片。

（三）活动过程

1. 出示古厝群照片，激发幼儿兴趣。

引导语：小朋友们，这是闽南古厝群的照片。请你们看一看，照片上一座座古厝是怎样排列的呢？

小结：闽南古厝有的是一栋一栋整齐排列，有的是错落有致排列，让闽南古厝群看起来很有层次感。

2. 交流讨论如何更好地拼插古厝群。

引导语：上次我们绘画了《墨香古厝》，老师将你们的作品喷绘在 PVC 板上。可是这些古厝没法立起来，你们有没有什么好办法？

小结：你们真聪明，我们可以用拼插的方法将这些古厝立起来。

（1）幼儿绘制拼插设计稿。

引导语：怎样拼插古厝群会更好看、更有层次感呢?

小结：每个人的想法都不一样，这里有草稿纸，请你们按照组别一起商量，然后将你们小组的想法画下来。

（2）交流想法，分享拼插排列方法。

引导语：谁来介绍一下你们组的设计稿?

小结：每一组的设计稿都不一样，我们可以一排一排按顺序拼插，也可以堆叠拼插，还可以错落有致地拼插。

3. 提出要求，幼儿拼插。

（1）提出拼插要求：①先商量分工，再开始拼插。②根据绘制的设计稿进行拼插。③拼插的时候动作要轻，不要将PVC板弄坏。

（2）幼儿拼插，教师巡回指导。

教师重点指导幼儿根据设计稿进行拼插。

4. 作品展示，体现艺术魅力。

五、主题活动小结

经过前期的经验积累与参观欣赏，幼儿对闽南古厝有了一定的了解，对于古厝的燕尾脊、"出砖入石"的墙面及整体结构造型有了认识，所以本次主题活动着重寻找适合表现闽南古厝的不同作画形式，最终确定了线描画、水粉画、拓印装饰画、水墨画等形式。幼儿对于这些具有新意的作画方式很感兴趣，加之前期的经验，整个活动流程顺利，而且因为活动形式较为开放，完全让幼儿自主创作，所以在活动中常常会出现让教师惊奇的创意。

在平时的幼儿美术活动中，独立作画的方式较为常见。在本次活动中，考虑到大班幼儿的年龄特点，加上作品的尺寸较大，所以设计了一系列小组合作绘画的活动。因为是与同伴一起合作绘画，所以幼儿兴致很高，但恰恰也是因为需要合作绘画，怎样实现有效分工合作显得尤为重要。部分幼儿刚刚接触合作绘画的形式，所以沟通协商还不是很成熟，会出现争吵现象，但是经过教师引导，都能很好地找到解决方法。这不失为一次锻炼幼儿合作讨论、解决问题能力的机会。

六、资料链接

闽南民居墙的构造和装饰的最大特点是墙石混砌，即"出砖入石"，它就是砖与石两种不同材料的混砌，其装饰美感在于石的表面与砖的表面产生质地的对比，石块作为面，而砖缝作为线，这之间产生点、线、面的组合，从而在某种程度上产生一种整体上的韵律。

闽南古厝的屋顶正脊或为马鞍脊,或为燕尾脊,都是中间凹陷两端微翘的优美曲线。燕尾脊更正式,两端探出高昂翘起,尖细,有轻灵飞动之势。如果是五开间房屋,屋顶再多出两条燕尾,仿佛一大一小两双翅膀在飞翔。闽南地区为了防御台风,房屋通常建得低矮沉着,但檐角高翘,带来一种向上飞起的动感。从色彩看,底部是白石壁脚,上面是红砖红瓦,红白对比,明艳动人。细部装饰精雕细刻,万紫千红,绚烂至极。

(活动设计:苏晶珩)

朦胧淡雅的纸织画

（大班）

一、主题由来

纸织画是产于福建永春的一种民间传统手工艺品。纸织画的特色是色彩淡雅性和朦胧隐约性。永春纸织画近看纸痕交织，经纬分明；远观缥缥缈缈，犹如隔帘赏月、雾里看花。本次主题活动中，纸织画如梦如幻的朦胧淡雅之美能带给幼儿美的感受，传统的制作工艺能带给幼儿美的体验；同时活动以闽南花砖、古厝窗棂等为载体，让幼儿体验构图美、线条美、朦胧美。将这些具有闽南特色的文化传递给幼儿，对幼儿了解闽南文化、开阔视野、认识生活、陶冶情操、培养性格都有很大的教益。

二、主题网络

```
                  朦胧淡雅的纸织画
       ┌──────────┬──────────┬──────────┐
   走进永春纸织   我制作的纸织   闽南花砖"纸    古厝窗棂"纸
   画（欣赏）    画（手工）    织画"（绘画）   织画"（绘画）
```

135

三、主题活动总目标

1. 了解永春纸织画的制作工艺，萌发热爱家乡的情感。
2. 感受纸织画纸痕交织、经纬分明、色彩淡雅、画面朦胧的美感。
3. 尝试运用编织、拓印方式表现纸织画，体验不同美术创作形式的乐趣。
4. 体验美术作品的构图美、线条美、朦胧美。

四、主题活动案例

案例一：走进永春纸织画（欣赏）

（一）活动目标

1. 在初步了解永春纸织画制作工艺的基础上，感受纸织画与其他画种的区别。
2. 感受纸织画纸痕交织、经纬分明、色彩淡雅、画面朦胧的美感。

（二）活动准备

1. 经验准备。
（1）组织幼儿收集有关纸织画的知识材料，初步了解纸织画的制作工艺。
（2）幼儿提前准备好自己的绘画作品。
2. 物质准备：永春纸织画作品图片、PPT（展示纸织画作品《荷花》及绘画作品《荷花》）、纸织画制作工艺视频及图片、油画棒、白色颜料、拓印版、拓印刮刀、胶水、作品装饰边框、作品展板。

（三）活动过程

1. 以作品图片引入，引导幼儿初步了解纸织画的特点。
引导语：你们看看，这幅画跟我们平时看过的其他绘画作品有什么不一样？
小结：对，这是一幅纸织画作品，是用编织的方式完成的。
2. 欣赏纸织画。

（1）引导语：小朋友们已经和老师、爸爸妈妈一起了解了有关永春纸织画的知识，请介绍一下你们所了解的永春纸织画。

（2）出示PPT，引导幼儿通过比较欣赏纸织画。

引导语：今天老师带来了一幅纸织画作品《荷花》和另一幅绘画作品《荷花》，你发现这两幅图有什么不一样的地方？

（3）幼儿讨论纸织画的特点。

提问：你觉得纸织画最特别的地方在哪里？

小结：纸织画的神奇之处就在于在近处看画面不连续有很多白点，在远处看就像被白纱遮住了一样，有种朦朦胧胧的美感。永春纸织画属于传统手工艺品，纸痕交织、经纬分明、色彩淡雅、画面朦胧是它的特点，它是中国的"四大家织"之一，是闽南地域文化的瑰宝。

3. 了解纸织画工艺。

（1）幼儿观看纸织画制作工艺视频。

引导语：这么神奇的纸织画，小朋友们想不想知道是怎么制作的？

（2）提问：纸织画是怎么制作的？有哪些步骤？（幼儿自由说）

（3）结合制作工艺中的画、割、编、裱四个环节的图片，进行梳理小结。

小结：纸织画的制作工艺十分复杂，首先在宣纸上作画，然后将作品分割成等宽的纸条，头尾不断，作纬线，再用等宽的白纸条作经线，上下间隔编织，白纸条将部分画面遮挡住，最后填色，装裱，形成了具有朦胧美感的艺术品。

4. 通过拓印体验纸织画的美感。

（1）引导语：你们想不想让你们的绘画作品变成跟纸织画一样有朦胧美感呢？

（2）介绍拓印工具及其使用方法。

拓印版上有疏密一致的网格，将画好的图画作品对准放置区，将拓印版与作品对整齐后覆盖在作品上面。接着，在拓印版上倒入适量的白色颜料，用拓印刮刀贴着拓印版将

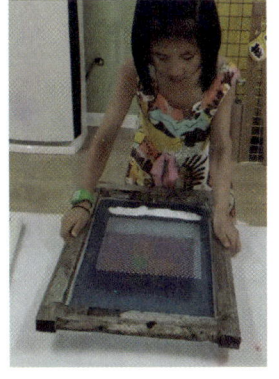
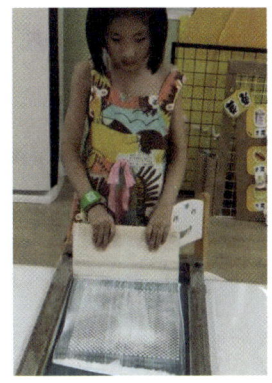

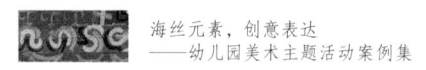

颜料均匀地刮过整个拓印版，再将作品取出即可。

（3）提出制作要求：①请把自己的绘画作品准备好，两两结伴互相配合使用拓印工具。②使用拓印版进行拓印时，注意对准位置，不能移动。③待颜料干透后选择自己喜欢的边框进行装饰，并将作品张贴在展示板上。

（4）幼儿制作，教师巡回观察指导。

重点指导幼儿轮流使用拓印版进行拓印。

5.欣赏、评价作品。

（1）请完成作品的幼儿收拾材料后自由欣赏。

（2）结合原作品图片，引导幼儿比较、欣赏。

提问：比较一下现在的作品和原来的作品有什么不一样？

案例二：我制作的纸织画（手工）

（一）活动目标

1.运用编织方法制作纸织画。

2.萌发对传统手工艺的喜爱。

（二）活动准备

1.经验准备：活动前把自己的绘画作品裁成均匀的纸条（头尾不断），并放在支架上固定好。

2.物质准备：直尺人手一把、事先裁好的等宽白色纸条若干、编织支架每人一个、大夹子若干、KT板画框每人一个、纸织画作品一幅、展示纸织画制作流程的视频和PPT。

（三）活动过程

1.出示纸织画作品，引导幼儿回忆其制作方法，激发幼儿兴趣。

引导语：这是什么？你们知道纸织画是怎么制作的吗？

过渡语：看来你们已经了解了很多有关纸织画制作方法的知识。我们一起

来欣赏纸织画大师是怎么编织纸织画的。

2. 观看纸织画制作流程视频。

提问：纸织画制作大师是怎么制作纸织画的？

小结：先绘画，接着将图画裁成均匀的长条，固定在画架上，再用相同宽度的纸条上下间隔编织，完成后裱褙在纸上，最后装饰在画框中。纸织画的制作流程有"画""割""编""裱"四大环节。

3. 讨论纸织画的编织环节。

提问：看完制作纸织画的流程后，你有什么不明白的？白纸条是怎样使用的？借助了什么工具让纸条平整？为什么要用这个工具？（个别幼儿上台体验编织方法）

4. 结合PPT梳理编织方法。

（1）引导语：刚才我们看了大师们制作纸织画，你们想不想也来制作一张属于自己的纸织画呢？

（2）播放纸织画制作流程PPT，和幼儿共同回顾编织的方法。

①先将图画分割成等宽的纸条（头尾不断）作为纬线，再用等宽的白色纸条作为经线。

②第一条白纸条穿编画时，单数向上，双数向下；用尺子将纸条向一边推挤。

③穿编第二条则相反，单数向下，双数向上；用尺子将纸条向第一条白纸条推挤。

④按此顺序穿编至图画完成，最后将作品装裱在画框里即可。

（3）提问：关于制作流程还有不明白的吗？（幼儿自由提问）

（4）要求：遵照制作流程，动作要轻柔，要集中注意力，不小心弄断纸条可以修补后再继续进行编织。

5. 幼儿体验用白纸条编织纸织画。

（1）引导语：请你们在编织支架上编织纸织画吧！

（2）幼儿尝试用白纸条进行上下间隔编织。

（3）重点指导：教师重点提醒幼儿按单双数编织、上下间隔编织，指导幼儿使用尺子使白纸条相互靠紧。

6. 幼儿交流评价。

提问：你的作品完成了吗？你在编织的时候遇到什么困难？

小结：编织时要专心，不急躁，编织纸条时应轻拿轻放。

7.鼓励幼儿利用课后时间继续完成作品。

结束语：纸织画的编织所需时间比较长，短时间没办法完成作品。请你们利用区域活动的时间或餐后、离园前的自由活动时间继续完成作品吧。

案例三：闽南花砖"纸织画"（绘画）

活动视频二维码

（一）活动目标

1. 设计四角对称的闽南花砖纹样。
2. 用拓印的方法表现纸织画的朦胧效果，感受作品的朦胧美感。

（二）活动准备

1. 经验准备。

（1）幼儿已经欣赏过永春纸织画，初步了解纸织画的制作工艺。

（2）幼儿初步了解闽南花砖的由来和风格，能用简单的图形进行对称作画。

（3）幼儿有使用拓印版的经验。

2. 物质准备：闽南花砖图片、记号笔、油画棒、画纸、白色颜料、拓印版、拓印刮刀、作品展板。

（三）活动过程

1. 欣赏闽南花砖，感受其四角对称的美感。

提问：你觉得闽南花砖美吗？美在哪里？闽南花砖有什么特别的地方？（出示花砖图片）

小结：闽南花砖四个角的图案都是一样的，它常用花卉纹、叶纹、草纹等纹样，采用四角对称的方法设计。

2. 回忆使用拓印版的方法。

引导语：闽南花砖这么美，能不能把它变成像永春纸织画一样有朦朦胧胧的感觉呢？

讨论：怎么使用拓印版？（幼儿自由说）

小结：拓印版上有疏密一致的网格，将画好的花砖图画对准放置区，将拓印版与作品对整齐后覆盖在作品上面。接着，在拓印版上倒入适量的白色颜料，用拓印刮刀贴着拓印版将颜料均匀地刮过整个拓印版，再将作品取出即可。

3. 激发设计闽南花砖的兴趣。

（1）讨论：你想设计什么纹样和颜色的闽南花砖？

（2）结合希沃白板，让幼儿尝试选择自己喜欢的纹样来设计花砖。

（3）小结：可以运用几何图形、花卉纹、草纹、叶纹等纹样设计四角对称的图案，再用鲜艳的颜色进行装饰。

4. 体验闽南花砖"纸织画"创作的乐趣。

（1）提出制作要求：①用你喜欢的纹样、色彩来设计四角对称的闽南花砖。②拓印时，要注意将画纸放在框里并对齐。③完成作品后要收好工具。

（2）幼儿设计花砖纹样，并用拓印的方法制作"纸织画"，教师巡回观察指导。

重点提醒幼儿采用几何图形、花卉纹等纹样，运用四角对称的方法设计闽南花砖，并指导幼儿轮流使用拓印版进行拓印。

5. 评价、欣赏闽南花砖"纸织画"。

提问：你用了什么纹样和色彩设计闽南花砖？你是怎么使用拓印版的？在使用拓印版时有没有遇到困难？你喜欢哪幅作品？为什么？

案例四：古厝窗棂"纸织画"（绘画）

（一）活动目标

1. 运用各种纹样和图案设计对称的窗棂。
2. 用拓印的方法表现纸织画的朦胧效果，感受作品的朦胧美感。

（二）活动准备

1. 经验准备。
（1）幼儿欣赏过永春纸织画，初步了解纸织画的制作工艺。
（2）幼儿初步了解古厝窗棂的由来和风格，能用简单的图形进行对称作画。
（3）幼儿有使用拓印版的经验。
2. 物质准备：古厝窗棂图片、记号笔、油画棒、画纸、白色颜料、拓印版、拓印刮刀、作品展板。

（三）活动过程

1. 欣赏古厝窗棂，感受其对称的美感。
提问：古厝窗棂美吗？为什么觉得它美呢？（出示窗棂图片）
小结：古厝窗棂的造型有圆形、方形、菱形、扇形，造型很美，上面还有各种精美的雕花图案。

2. 感受窗棂图案的美感。

提问：这些窗棂运用了什么图案和纹样？有什么寓意？

小结：窗棂上的图案寄托着人们对美好生活的愿望，如用喜鹊和梅花表示喜上眉梢，用麒麟神兽表示辟邪镇宅、平平安安，用鲤鱼表示飞黄腾达……图案通常是轴对称或四角对称的。

3. 激发设计古厝窗棂的兴趣。

引导语：窗棂图案丰富多样、寓意美好，我们也来设计窗棂吧。

讨论：你想设计什么造型和图案的窗棂？

4. 体验窗棂"纸织画"创作的乐趣。

（1）引导语：让我们把设计好的古厝窗棂也变成一幅好看的"纸织画"吧！

（2）讨论：怎么使用拓印版？（幼儿自由说）

小结：拓印版上有疏密一致的网格，将画好的窗棂图画对准放置区，将拓印版与作品对整齐后覆盖在作品上面。接着，在拓印版上倒入适量白色颜料，用拓印刮刀贴着拓印版将颜料均匀地刮过整个拓印版，再将作品取出即可。

（3）提出制作要求：①用你喜欢的图案和纹样设计窗棂。②拓印时，要注意将画纸放在框里并对齐。③完成作品后收好工具。

（4）幼儿设计窗棂并用拓印的方法制作"纸织画"，教师巡回观察指导。

重点提醒幼儿采用几何图形、各种寓意吉祥的图案等，运用对称的方法设计；指导幼儿轮流使用拓印版进行拓印。

5. 评价、欣赏古厝窗棂"纸织画"。

提问：你设计了什么造型的窗棂？运用了什么纹样和图案？有什么寓意吗？

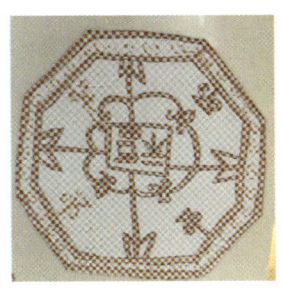 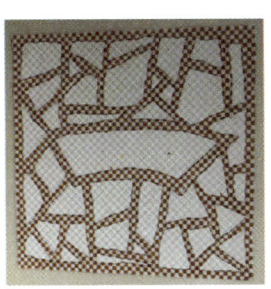 

五、主题活动小结

《3~6岁儿童学习与发展指南》中指出:"艺术是人类感受美、表现美和创造美的重要形式。"永春纸织画的传统工艺及画风的独特性值得新一代的孩童了解和传承。

活动以欣赏入手。通过欣赏纸织画作品,引导幼儿感受其纸痕交织、经纬分明、色彩淡雅、画面朦胧的美感;通过欣赏纸织画的制作工艺,引导幼儿感受老一辈艺术家的高超技艺。然后提供纸织画编织材料,让幼儿体验和感受纸编的乐趣。由于纸织画传统制作工艺需要长时间的学习和反复练习,通常需要几年的时间才能学会,制作一幅作品最快也需要几个月的时间才能完成,因此纸织画的制作是幼儿短时间内无法实现的。为了让幼儿快速、直观地感受到纸织画的朦胧美感,教师提供简化的工具——拓印版,可以化繁为简,有利于作品朦胧美感的快速呈现。

纸织画作画的内容十分广泛,山水风景、人鱼鸟兽等均可作为作画的内容,而闽南花砖和古厝窗棂既具实用性又具装饰美感,选择这两个具有历史印记和时代特点的文化元素与纸织画朦胧画风相结合,能使主题活动更具有闽南本土特色,让幼儿在了解传统文化内涵的同时感受传统工艺的魅力。

六、资料链接

(一)永春纸织画

纸织画是产生于永春的一种民间传统手工艺品,与杭州丝织画、苏州缂丝画、四川竹帘画并称为中国"四大家织",并于2011年列入第三批国家级非物质文化遗产名录。

近代纸织画著名艺人黄永源在其所著《纸织画旨趣》一书中总结了纸织画的特色"二性",即色彩淡雅性和朦胧隐约性。纸织画的色彩本是浓艳的,但因为经过裁和织,加上一条条的白纸丝的纬线盖上去,其色彩被掩了一半,十分的颜色只能看到四分,于是就产生了色彩的淡雅性,从而大大提高了纸织画成品的艺术格调;朦胧隐约性就是"似有似无"的画面效果。凑近看纸织画,

画面纸痕交织，经纬明显，只能看到一点一点方形的色彩，茫无头绪；挂在墙壁上近看，便可看到其中色彩浓淡、明晦的次序；站着远看，则可以体会到全图的景物飘然荡漾的意境。其可谓"近视之几不类物象，远视之则景物粲然"，与宋代著名画家米芾的"米点山水"有着异曲同工之妙。此外，纸织画表面不光滑，具有浅浮雕般的立体感。

（二）闽南花砖

闽南花砖从引进、兴盛到衰败，体现了闽南华侨回乡兴建别墅的潮流，它代表了一个时代。它有着独特的纹样特征、色泽特征和拼接特征。其中纹样特征包含了几何纹样、花卉纹样、昆虫纹样、肌理纹样等，色泽特征又可分为黑白色和彩色两种，拼接特征又分为单片成形、四片成形两种。

（三）古厝窗棂

窗子的传统构造十分考究，窗棂上雕刻有线槽和各种花纹，构成种类繁多的优美图案。在传统的房屋建筑中，常会出现一些形状不同的窗棂，如仙桃葫芦、石榴蝙蝠、扇状瓶形等，极富装饰趣味。当人在窗前漫游移步观景，透过窗子，可以看到外面的不同景观，好似镶在框中、挂在墙上的一幅画。

（活动设计：黄婉真）

 # 灵动的屋檐艺术——剪瓷雕

（大班）

一、主题由来

剪瓷雕是闽南建筑装饰中运用的一种地方传统手工技艺，具有色彩鲜艳、造型生动、立体感强、久不褪色等特点。晋江市第三实验幼儿园毗邻五店市，幼儿经常到五店市游玩，对五店市古厝上的剪瓷雕有所了解。为了让幼儿感受闽南文化中独特的工艺，根据大班幼儿的年龄特点以及幼儿对绘画、手工活动较感兴趣的实际情况，本主题活动以剪瓷雕为美术教育素材，开展相关美术教育活动，并对幼儿进行教育指导。让幼儿在欣赏、感受、创作等活动中进一步了解剪瓷雕装饰艺术，体验艺术创作的乐趣，感受剪瓷雕的装饰美。

二、主题网络

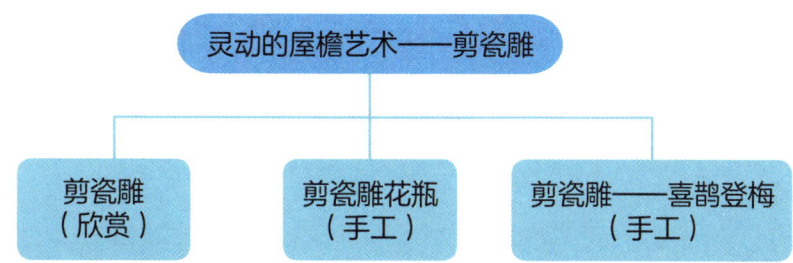

三、主题活动总目标

1. 通过参观、欣赏、手工等活动，了解剪瓷雕的艺术特征，感受剪瓷雕的艺术美。
2. 运用剪、贴、拼等多种方法表现剪瓷雕。
3. 通过对剪瓷雕艺术文化的了解，萌发爱家乡的情感。

四、主题活动案例

案例一：剪瓷雕（欣赏）

（一）活动目标

1. 欣赏剪瓷雕艺术，感受剪瓷雕的造型美、色彩美。
2. 了解剪瓷雕的制作工艺，激发创作的兴趣。

（二）活动准备

1. 经验准备：活动前带幼儿参观五店市建筑中的剪瓷雕。
2. 物质准备：剪瓷雕制作视频、不同种类剪瓷雕的图片、纸盘子、彩瓷片、酒精胶。
3. 环境创设：用参观时拍摄的照片布置"剪瓷雕照片展"。

（三）活动过程

1. 自由参观欣赏"剪瓷雕照片展"，感受剪瓷雕的艺术特征和闽南建筑特色。

（1）引导幼儿参观"剪瓷雕照片展"，鼓励幼儿自由交流：你最喜欢哪一张照片？为什么？

（2）组织交流活动，引导幼儿从剪瓷雕的造型、色彩、图案等方面观赏并介绍。

提问：你最喜欢的作品是哪一个？它是什么造型？有哪些图案？用了哪些颜色？

小结：这种用很多黄、红、蓝、绿等亮丽颜色的小瓷片粘贴制作成的漂亮作品，叫作剪瓷雕，有飞龙舞凤、武将童子、祥云花卉等富有吉祥寓意的造型。闽南古厝的屋脊经常会用这种造型独特、颜色亮丽、层层叠叠的剪瓷雕来装饰，使房子看起来更加灵动、有活力。

（3）过渡语：这么好看的剪瓷雕是怎么制作出来的呢？

2. 观看剪瓷雕制作视频，了解制作工艺。

（1）幼儿观看剪瓷雕制作视频。

（2）小结：剪瓷雕的制作过程主要分两步，一是用钳子等工具将彩瓷剪成形状、大小不一的小瓷片，二是用这些小瓷片粘贴出花卉、人物、动物等造型。

3. 观看平雕、叠雕、立体雕等的图片，再次感受剪瓷雕的艺术特征。

引导语：请小朋友仔细看一看，图中小瓷片粘贴出什么造型？是怎样粘贴的？

小结：将小瓷片直接粘贴在底板上叫作平雕。一片一片堆叠起来的叫作叠雕，多用于屋顶高处的龙凤走兽、水族飞禽和花卉树木的造型。立体雕的制作须先用铁丝或竹篾做骨架，打好泥坯，再粘贴上色彩斑斓的剪瓷片，多用于古装戏曲人物的造型。这些剪瓷雕工艺品融合了绘画的色泽感和雕塑的立体感，常年经受日晒雨淋而不褪色。

4. 鼓励幼儿运用贴、拼等方式创作一幅彩色瓷片作品。

（1）介绍材料，鼓励幼儿合作创作。

引导语：这里有大小、颜色各异的彩瓷片及酒精胶，请你们选择喜欢的彩瓷片，贴一贴和拼一拼，可独立创作或与同伴合作。

（2）幼儿自主创作，交流分享自己的创意。

幼儿与同伴分享作品，介绍自己作品的独特之处。

5. 活动延伸。

将彩色瓷片作品展览在美工区。

案例二：剪瓷雕花瓶（手工）

（一）活动目标

1. 感受剪瓷雕的艺术特征，尝试运用平雕、叠雕的方法表现剪瓷雕花瓶。
2. 体验分工合作的快乐。

（二）活动准备

1. 经验准备：幼儿已初步了解剪瓷雕。
2. 物质准备：陶泥、泥工板、剪刀、作品框、陶泥花瓶、小瓷片、酒精胶、剪瓷雕花朵制作视频、剪瓷雕花瓶图片。

（三）活动过程

1. 观看剪瓷雕花朵制作视频，感受剪瓷雕的艺术特征。

（1）观看视频，了解剪瓷雕花朵的制作过程。

引导语：今天老师带来了一个视频，让我们一起来看看工人师傅在做什么。

小结：工人师傅将大小不等的瓷片修剪成花瓣形状，再将它们粘贴成剪瓷雕花朵。

（2）自由欣赏剪瓷雕花瓶图片，感受剪瓷雕的艺术特征。

引导幼儿观赏剪瓷雕花瓶图片，鼓励幼儿自由交流：你最喜欢哪一张图片？为什么？

（3）组织交流活动，引导幼儿介绍自己喜欢的作品。

引导语：你最喜欢的作品是哪一个？你觉得它美在哪里？有什么独特的地方？

小结：这些都是用剪瓷雕工艺粘贴成的剪瓷雕花瓶，色彩鲜艳、层层叠叠、立体感强。瓶身上由小瓷片一层一层堆叠而成的花朵，叫作叠雕花；只有一层的，叫作平雕花。

2. 幼儿创作，教师指导。

（1）幼儿尝试设计创作叠雕花。

引导语：制作叠雕花时，先按图样粘好最下面一层，再穿插粘好第二层花瓣、第三层花瓣，最后贴好花蕊。

（2）介绍制作材料。

（3）介绍制作方法和要求：①分工合作用剪刀将陶泥剪出叶子、花瓣等各种图案，最后把剪好的图案粘贴在陶泥花瓶图样上方。用小瓷片装饰花瓶瓶身。②可以用叠雕，也可以用平雕的方法创作。③动脑筋，想办法让花瓶变得更漂亮。

（4）幼儿创作，教师观察指导。

鼓励幼儿分工合作进行创作，引导幼儿运用叠雕或平雕等方式创作。

3. 展示作品，相互欣赏交流。

引导语：你最喜欢哪一幅作品？为什么？

案例三：剪瓷雕——喜鹊登梅（手工）

活动视频二维码

（一）活动目标

1. 了解喜鹊登梅的吉祥寓意，尝试运用剪、拼、贴的方法表现喜鹊登梅。
2. 体验分工合作共同完成艺术作品的快乐。

（二）活动准备

1. 经验准备：幼儿已初步了解剪瓷雕。
2. 物质准备：陶泥、泥工板、剪刀、小瓷片、酒精胶、作品框、画作《喜鹊登梅》的图片、幼儿绘制的《喜鹊登梅》样稿、剪瓷雕喜鹊制作视频。

（三）活动过程

1. 欣赏画作《喜鹊登梅》及幼儿绘制的样稿。

（1）欣赏《喜鹊登梅》，了解喜鹊登梅的吉祥寓意。（出示图片）

引导语：你在图片上看到了什么？你们知道喜鹊登梅有什么特殊寓意吗？

小结：梅花是春天的使者，喜鹊是好运与福气的象征，喜鹊登梅象征吉祥、喜庆、好运的到来。

（2）欣赏幼儿绘画的《喜鹊登梅》样稿，了解喜鹊的不同形态。

引导语：上次小朋友们小组合作画了《喜鹊登梅》的样稿，我请每个小组派代表来介绍一下。

2. 观看视频，了解剪瓷雕喜鹊的制作过程。

引导语：今天老师带来了一个视频，让我们一起来看看工人师傅怎么拼贴剪瓷雕喜鹊的。

小结：首先制作尾巴的羽毛，根据图样剪出羽毛的形状，按照扇形排列粘贴；然后拼贴躯干部分的羽毛，拼贴的顺序是从尾部开始，层层覆盖；最后根据图稿剪出头、嘴巴以及眼睛的造型。

3. 幼儿创作，教师指导。

（1）幼儿结合希沃白板尝试拼贴喜鹊。

引导语：拼贴的顺序是从尾部开始，层层覆盖，最后拼贴头、嘴巴以及眼睛。

（2）介绍制作材料。

（3）提出制作要求：①分工合作，有的拼贴喜鹊，有的拼贴梅花的花朵、枝干。②喜鹊拼贴顺序从尾部开始，层层覆盖。③动脑筋，想办法搭配颜色让喜鹊变得更漂亮。

（4）幼儿创作，教师观察指导。

鼓励幼儿分工合作进行创作，引导幼儿按样稿剪出羽毛，从尾部开始拼贴。

4.展示作品，相互欣赏交流。

引导语：你最喜欢哪一幅作品？为什么？

五、主题活动小结

本主题活动围绕闽南建筑装饰工艺"剪瓷雕"进行设计，根据大班幼儿的水平，设计了欣赏、手工等内容。首先通过欣赏活动，让幼儿整体了解剪瓷雕工艺，然后从学习平雕的制作入手，再到叠雕的制作，从制作花朵到制作鸟兽，整个主题活动设计由浅入深，由易到难，为幼儿提供欣赏和动手制作的教学支持，提升幼儿表现美的兴趣。通过拓展创作幼儿熟悉的物品（花瓶）、合作创作大幅作品，让幼儿在动手操作的同时，提升审美能力。

六、资料链接

剪瓷雕是流行于福建南部地区的一种传统建筑装饰工艺，属瓷片拼贴的一种，以颜色鲜艳、胎薄质脆的彩瓷器或残损价廉的瓷器为材料，使用粗钳、铁剪、木槌、砂轮等工具将其剪、敲、磨成形状大小不一的小瓷片，进而贴雕人物、动物、花卉和山水等，并装饰于寺庙宫观等建筑物的屋脊、檐角、照壁、墙面和门窗框、门窗楣等部位。剪瓷雕以吉祥如意、福禄寿喜和花鸟虫鱼、人物故事为主要题材，其工艺兼具绘画的色泽感和雕塑的立体感，融合了泥塑、绘画、雕刻之所长。彩瓷色彩艳丽，不易剥蚀，任凭日晒雨淋以至严寒酷暑的侵袭，依然熠熠生辉。

剪瓷雕分为平雕、叠雕、立体雕（圆雕）、半浮雕等。平雕着重于构图，一般用于近景；叠雕则多用于屋顶高处的龙凤走兽、水族飞禽和花卉树木的造型，用片片彩瓷表现凤毛麟角、红花绿叶，无不栩栩如生；立体雕难度最大，效果最好，多用于古装戏曲人物的造型，如武将的盔甲、文官的蟒袍、才子佳人的宽衣窄袖，只有采用立体雕方能展示效果。立体雕须先用硬度强的铁丝或竹篾做骨架，敷上黏性泥灰，打好泥坯，再粘贴一块块色彩斑斓的剪瓷片，一个个形神兼备的人物、动物便呼之欲出。剪瓷雕在闽台地区乃至东南亚有着较大的影响，其精湛的装饰技艺、不朽的艺术价值，是古代中国劳动人民智慧和艺术的结晶。

（活动设计：林凤珠）

蚝 壳 厝
（大班）

一、主题由来

归属感的产生需要幼儿对自己所生长的社会环境有所感知。为了让幼儿充分感受、了解海丝文化，本主题活动以记载着泉州辉煌历史和海上丝绸之路灿烂文化的"蚝壳厝"为切入点，根据大班幼儿的兴趣爱好、年龄特点设计了相应的欣赏、手工制作、想象画活动，让幼儿在多样活动中感受蚝壳厝的色彩美、独特造型和纹理魅力，了解传统闽南建筑，进而更加了解家乡文化，提升归属感。

二、主题网络

三、主题活动总目标

1. 感受、了解蚝壳厝的建筑特色美，了解闽南蚝壳厝的基本特征和文化内涵，激发对家乡的热爱之情。
2. 运用手工、绘画等不同的美术表现手法，表现蚝壳厝的造型美和装饰艺术特色，提高艺术鉴赏力和表现力。
3. 初步了解不同风格的仿生建筑并尝试绘制仿生建筑想象画。

四、主题活动案例

案例一：蚝壳厝（欣赏）

（一）活动目标

1. 欣赏闽南蚝壳厝，感受蚝壳厝的造型美和装饰艺术特色。
2. 尝试运用线描写生的方法表现蚝壳厝的外形特征，体验创作的乐趣。

（二）活动准备

1. 经验准备：幼儿了解红砖古厝的特点，初步了解蚝壳厝的建筑特征。
2. 物质准备：图画纸、记号笔、画板、岭南地区蚝壳厝图片。

（三）活动过程

1. 分享交流，激发兴趣。

引导语：以前，我们的爷爷奶奶们住的房子是什么样子的？和现在相比有什么不一样？

小结：以前，爷爷奶奶们有的住红砖房，有的住石头房，还有的住用蚝壳建造的蚝壳厝，这些都是闽南传统民居。

2. 实地参观，感受蚝壳厝的蚝壳装饰特征。

（1）通过实地参观，初步感知蚝壳厝的整体特色。

引导语：今天，我们一起来参观神奇的蚝壳厝。请每个小朋友看一看、说一说蚝壳厝是什么样子的，它和其他闽南传统建筑不同的地方在哪里。

小结：蚝壳厝的外形与红砖古厝类似，不同的是它的墙壁是用蚝壳建成的，灰白色蚝壳、白石与红砖构成色彩对比强烈、富有美感的图案，并形成了错落有致的纹理效果。

（2）通过提问、现场感知，引导幼儿初步感知蚝壳墙面的装饰特点。

引导语：蚝壳厝的墙是用什么做的？它是什么样子的？摸起来有什么感觉？

小结：蚝壳墙是用椭圆形的蚝壳做的，蚝壳凹凸不平，凸的一面上还有很多"眼睛"，具有别样的立体美感。大面积的灰白色蚝壳与花白色花岗石、红砖，构成色彩对比强烈的图案，蚝壳如片片鱼鳞，极具线条感和雕塑感。

（3）出示岭南地区蚝壳厝图片进行对比，引导幼儿重点感知泉州蚝壳厝的蚝壳排列特色。

引导语：岭南地区也有蚝壳厝，它和泉州蚝壳厝有什么相同点和不同点？

小结：两类蚝壳厝都是将蚝壳的凹面向下。排列时，岭南蚝壳厝的蚝壳排列整齐，行行分明，犹如一条条整齐划一的直线；泉州蚝壳厝的蚝壳是错落有致地排列，第一个叠好，后一个要叠在前一个的一半的上方，是插空排列的，像一排排鱼鳞。

引导语：蚝壳为什么要凸面向上，像一排排鱼鳞一样错位排列？

小结：蚝壳错位排列可以使房子更加坚固，蚝壳凸面向上，在日照下可以形成大片的蚝壳阴影，从而起到隔热作用，还可以方便雨水下泄，避免雨水浸入内墙，保持室内干爽。

3. 自由创作，体验乐趣。

（1）引导语：蚝壳厝的本领真大，你们想画哪一座蚝壳厝？想用什么线条表现蚝壳厝？请你们和身边的小朋友说一说。

（2）提出作画要求：①运用不同的线条表现蚝壳厝的特色。②先画整体再画局部，合理安排画面。

4. 幼儿作画，教师巡回指导。

（1）重点指导幼儿合理安排画面，表现蚝壳厝的外形特征。

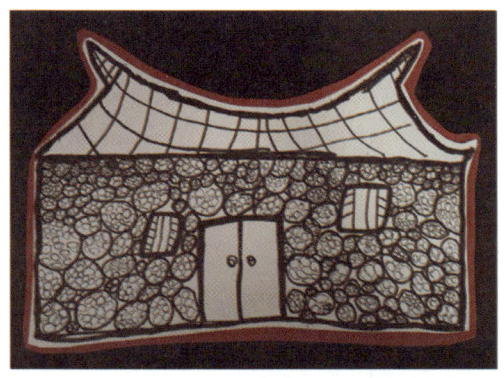

（2）鼓励幼儿仔细观察蚝壳墙的纹理特色，运用粗细不同的线条表现蚝壳墙的纹理特征。

5. 展示幼儿作品。

引导语：你觉得谁画的蚝壳厝最美？为什么？（鼓励幼儿大胆评价自己以及同伴的作品）

案例二：蚝壳厝（手工）

（一）活动目标

1. 深入了解蚝壳厝的基本特征，在愉快创作的过程中感受家乡传统民居的魅力。

2. 运用粘贴、填充、围合等不同方式表现蚝壳墙的装饰艺术特色。

（二）活动准备

1. 经验准备：幼儿已初步了解泉州蚝壳厝的结构特征、蚝壳墙的蚝壳排列特征。

2. 物质准备：剪刀、白乳胶、纸箱、红色卡纸、蚝壳、灰色超轻泥、幼儿制作的蚝壳厝屋顶、蚝壳厝图片。

（三）活动过程

1. 通过图片展示，引导幼儿观察、发现蚝壳的独特排列方法。

引导语：小朋友们，闽南传统民居蚝壳厝是什么样子的？它是用什么建造的？你们发现蚝壳厝有什么特别的地方吗？

小结：蚝壳厝的墙都是用蚝壳制作的蚝壳墙，蚝壳天然的独特纹路和凹凸形成的立体感，使蚝壳厝别具海洋特色。蚝壳都是凸面向上，像一排排鱼鳞一样错位排列。

2. 通过开放式的问题引导幼儿思考装饰蚝壳墙的方法。

引导语：今天老师要请你们来设计蚝壳墙，你们想怎么设计？

小结：有的小朋友想要设计一堵完全由蚝壳制作的墙，有的小朋友还想要在墙上安上漂亮的窗户或者不一样的石砖……每个小朋友设计的蚝壳墙都不一样，小朋友们想要运用不同方式来美化蚝壳墙。

引导语：除了有规律地粘贴蚝壳，我们怎样做能使蚝壳墙更漂亮？

小结：有的小朋友说要在墙上装上灰砖和窗户再粘贴蚝壳，有的说要用剪刀将蚝壳修剪成一样大小，还有的说要在蚝壳之间的缝隙处粘上超轻泥让它更漂亮，你们的办法可真多！

3. 介绍材料。

引导语：我们的"材料超市"里有剪刀、超轻泥、卡纸等。今天我们以小组合作的方式装饰蚝壳墙，请大家商量好要用什么材料，要按什么顺序进行粘贴，考虑好我们在制作的时候要注意什么，然后去"材料超市"自选材料。

4. 提出要求。

（1）自由选择小组并讨论分工，合作装饰蚝壳墙。

（2）按照从上到下、由外到内等顺序粘贴蚝壳。

（3）借助工具进行装饰，使蚝壳墙更立体、美观。

5. 幼儿自由创作，教师指导。

提醒幼儿仔细观察，重点指导幼儿有规律地粘贴蚝壳。

6. 分享、评价。

（1）引导幼儿将制作好的蚝壳厝墙体加上屋顶变成立体古厝，然后放到"蚝壳厝展区"。

（2）幼儿交流作品，引导幼儿说说自己最喜欢的蚝壳厝作品。

引导语：你是怎么制作蚝壳厝的？你最喜欢哪一座蚝壳厝？为什么？

案例三：创意仿生房子（想象画）

（一）活动目标

1. 通过大胆的想象，创造性地表现不同造型的房子。
2. 了解、感受各式各样仿生建筑的造型美、创意美。
3. 了解仿生学的意义，感受创造的乐趣。

（二）活动准备

1. 经验准备：幼儿知道什么是仿生建筑，了解不同风格的仿生建筑。
2. 物质准备：白纸、画板、勾线笔、介绍蚝壳厝的视频、仿生建筑图片。

（三）活动过程

1. 谈话导入，激发幼儿兴趣。

（1）观看视频，了解利用蚝壳建造房子的优点。

引导语：小朋友们，你们知道以前人们为什么要用蚝壳来建造房子吗？

小结：用蚝壳建造的房子，不仅隔音效果好，而且冬暖夏凉，坚固耐用。

（2）初步了解仿生建筑。

引导语：除了用蚝壳建造房子以外，我们的建筑师还可以模仿大自然中的生物建造房子，使得房子更加科学、美观，这就是仿生学在建筑方面的应用。

2. 欣赏图片，进一步了解仿生建筑。

（1）通过图片感知、了解不同风格的仿生建筑。

引导语：小朋友们还收集了很多很有创意的仿生建筑的图片，我们一起来欣赏一下吧！

提问：这是模仿什么建造的房子？房子和它模仿的生物有什么相同点？

小结：台北101大楼模仿竹节的特点进行设计，北京"鸟巢"体育馆模仿鸟巢的外形进行设计，印度的莲花寺像是一朵开在水中的莲花。

（2）通过图片初步了解如何设计仿生建筑。

引导语：我们可以模仿生物的什么特点来设计仿生建筑？

小结：可以模仿生物的外形特点来设计仿生建筑，如台北101大楼、北京"鸟巢"体育馆、悉尼歌剧院，也可以模仿生物的功能，还可以模仿生物的结构等进行设计。仿生建筑不仅很有创意，有的还具备特殊的功能。

3. 讨论运用联想、夸张、变形的方式设计房子，激发幼儿的联想、创造能力。

引导语：我们今天也试着来利用自然界中的生物设计仿生房子吧。你想模仿什么来建造房子？

小结：小朋友们的创意非常多，有的想设计竹子一样的房子，有的想设计贝壳一样的房子。即使同样是设计贝壳房子，也可以通过不一样的贝壳排列方式设计出不同造型的房子。

4. 提出作画要求。

（1）根据不同生物的形态，创意设计造型不一的房子。

（2）合理安排画面，注意房子的大小。

5. 幼儿自由想象作画，教师个别指导。

重点指导幼儿根据大自然中不同生物的外形特征或特性联想绘画，创作仿生房子，鼓励幼儿运用联想、夸张、变形的方式设计独特的房子。

6. 作品欣赏与评价，结束活动。

引导语：你设计的这个房子是模仿什么生物来建造的？它有什么特殊的功能吗？

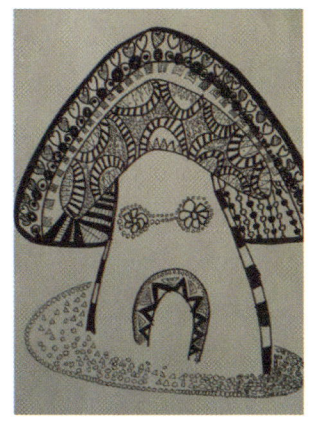

五、主题活动小结

　　本主题共有三个活动，通过欣赏、线描写生、手工、想象画等不同的形式，重点引导幼儿了解蚝壳厝的造型特点和蚝壳的排列特征及纹理特点。除了运用整体到局部等不同的观察方法让幼儿感受蚝壳厝的艺术美以外，教师还引导幼儿深入了解其蕴含的丰富文化底蕴，激发幼儿热爱家乡的情感。同时，在引导幼儿了解家乡文化的基础上，让幼儿接触风格不一的现代仿生建筑，拓宽幼儿的视野，激发幼儿的想象力和创造力。除上述活动以外，教师还可以通过对蚝壳厝的局部观察与探究，引导幼儿更加深入地了解蚝壳厝的建筑特色美。活动中教师根据幼儿年龄特征及水平，因材施教地选择个人创作、小组合作等创作方式。

六、资料链接

　　蚝壳厝从形成、发展到衰落，至今已有四百多年的历史。蚝壳厝建筑有浓厚的民俗气息及丰富的美学、工艺学价值。它是古代泉州对外贸易的产物，见证着泉州作为海上丝绸之路起点的辉煌历史。蚝壳厝的主要特色在于利用蚝壳、砖石砌成墙，大面积的灰白色蚝壳与白石、红砖构成色彩对比强烈、富有美感的图案。蚝壳厝具有不积雨水、冬暖夏凉、隔音效果好的特点，适合应对海边潮湿气候环境，其墙体十分坚固，素有"千年砖、万年蚵"的美誉。

（活动设计：黄静）

 海 丝 古 船
（大班）

一、主题由来

泉州是海上丝绸之路的重要起点，宋元时期的泉州刺桐港已发展成为与埃及亚历山大港齐名的"东方第一大港"，往来帆樯林立，"涨海声中万国商"。宋代中国的造船业和航海业十分发达，而造船技术在同一时代领先于世界的，就是泉州。泉州福船船身扁阔，船底尖削，是多桅帆船，船帆多为篾帆。独具特色的船身造型更利于船只在海上航行，福船是泉州海丝文化的最好见证。根据大班幼儿的年龄特点、兴趣及爱好，本次主题活动选择了古船作为活动的切入点，通过欣赏、写生、创意画等形式，引导幼儿感知、了解泉州的福船，从而感受泉州多元的侨乡文化，激发幼儿热爱家乡的情感。

二、主题网络

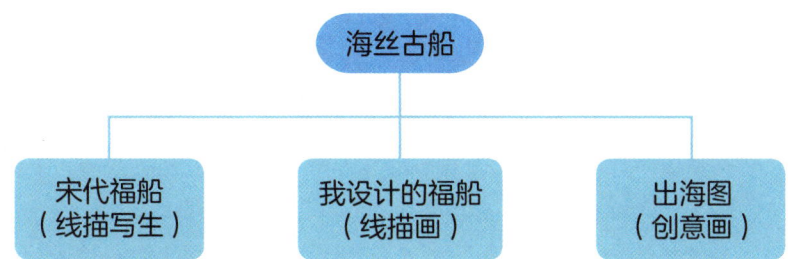

三、主题活动总目标

1. 通过参观、交流、欣赏等活动，感受古代福船独特的造型美。
2. 创造性地运用多种材料，用绘画、折剪等多种方法来表现古船，提高感受美、表现美的兴趣和能力。
3. 通过对古代泉州造船及航海文化的了解，感受泉州独特的海丝人文风情，激发热爱家乡的情感。

四、主题活动案例

案例一：宋代福船（线描写生）

（一）活动目标

1. 仔细观察宋代古船的外形，初步感受古船的造型美。
2. 学会用线描的方法表现古船的外形特征。

（二）活动准备

1. 经验准备：活动前请幼儿与家长共同查找、收集宋代古船的相关资料，让幼儿对宋代古船有初步的了解。
2. 物质准备：牛皮纸、勾线笔、画板。

3. 环境创设：事先选择好写生的地点及位置。

（三）活动过程

1. 参观泉州海外交通史博物馆，激发兴趣。

（1）引导语：前段时间小朋友们都查找了有关宋代古船的资料，今天我们来到泉州海交馆参观，里面有许多古船模型，请小朋友们一起去看一看吧。

（2）提出参观要求：①选择自己喜欢的古船，认真观察它的外形特征。②不离开集体单独行动，必须在指定的地点观察等。

2. 欣赏古船，了解造型。

提问：刚才我们看到了许许多多的古船模型。你最喜欢哪艘船？它的造型是什么样子的？

小结：大家喜欢的古船各不相同，有大有小。我们泉州古船的造型都是头部窄、尾部宽，船头两侧还有一对船眼。古船上还有高低、宽窄不同的扇形船帆，船帆多数是用竹片制成的篾帆，看起来像是由长长短短的线交织而成，很有特色。

3. 尝试写生，大胆表现。

（1）引导语：请选择你喜欢的古船，用线描写生的方法把它画下来。

（2）提出写生要求：①选择喜欢的古船并认真观察。②大胆用点、线、面表现出看到的古船的主要造型。

（3）幼儿写生，教师巡回指导。

重点指导幼儿画出福船前窄后宽的独特造型，鼓励幼儿在写生过程中注意观察，大胆用长短、粗细不同的线条装饰船帆，并提醒幼儿注意表现船帆前后的遮挡关系。

4. 展示作品，相互欣赏。

引导语：请和你的好朋友说一说，你画的是哪艘古船，它的造型是什么样子的，你觉得它的什么地方很有特色。

案例二：我设计的福船（线描画）

（一）活动目标

1. 在观察古船构造的基础上，画出自己想象的福船。
2. 运用各种不同的线条装饰福船，感受用线条装饰的美感。

（二）活动准备

1. 经验准备：幼儿已了解古船的构造。
2. 物质准备：古船图片、勾线笔、图画纸。

（三）活动过程

1. 出示古船图片，引导幼儿观察。

引导语：这是泉州海交馆陈列的古船，经过了近千年已经没有了昔日的模样，请你们来说说它缺少了哪些主要的构件。

小结：我们都发现了，这艘残破的千年古船只剩下船体，缺少了重要的甲板、船舱、船帆等。

2. 结合希沃软件演示修复古船的过程。

（1）谈话引入，激发幼儿兴趣。

引导语：今天古船研究会邀请小朋友们一起来修复古船。我们用什么办法把这艘古船缺失的部分复原出来？

（2）结合希沃软件演示古船修复。

过渡语：刚才我们运用希沃软件进行演示，把古船修复成了昔日的模样。接下来，要请小朋友们自己来修复古船。

3.讨论交流，设计福船。

（1）幼儿讨论如何设计福船。

引导语：如果让你来当一名设计师，你想把福船修复成什么样子呢？

（2）提出作画要求：①根据福船的构造，运用线描的方式大胆地设计出自己喜欢的福船。②运用不同的线条、图案装饰福船。

（3）幼儿创作，教师指导。

重点指导幼儿根据福船的构造大胆地设计自己喜欢的福船，提醒幼儿设计时注意福船前窄后宽的船体构造，鼓励幼儿运用不同的线条、图案装饰福船。

4.交流展示作品，结束活动。

引导语：你觉得你设计的福船什么地方最有特色？

案例三：出海图（创意画）

（一）活动目标

1. 大胆选择自己喜欢的形式表现福船。
2. 与小组同伴共同创作出海图，感受刺桐港船帆林立的壮观景象。

（二）活动准备

1. 经验准备：幼儿已有画、折、剪福船的经验。
2. 物质准备：视频《刺桐探宝》片段、牛皮纸、手工纸、油画棒、剪刀、勾线笔、蓝色大海底图。

（三）活动过程

1. 视频引入，激发兴趣。

引导语：泉州是古代海上丝绸之路的起点，古时候的泉州港船帆林立。今天老师给小朋友们带来一段视频，我们一起来看看古时候的泉州港，请你们仔细看看视频里有什么。

提问：你在视频中看到了什么？古代出海的时候是什么样子的？

小结：我们看到了港口人来人往、热闹非凡，海面上有许多大大小小的海船，宽窄不同的船帆看起来层层叠叠，构成一幅美丽壮观的出海图。

2. 介绍材料，引入主题。

（1）引导语：今天老师给小朋友们准备了牛皮纸、手工纸、油画棒、剪刀、勾线笔。我们要一起来制作一幅壮观的出海图。

（2）幼儿讨论自己要创作的福船。

（3）小结：小朋友们可以选择不同的创作方式创作福船，再把福船放到大海的底图上，共同完成出海图。

3. 幼儿创作，教师指导。

（1）提出创作要求：①选择自己喜欢的材料和创作方式创作福船。②创作好福船后一起商量将船布置在底图合适的位置上。

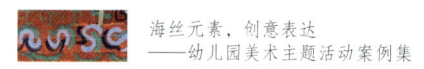

（2）幼儿创作，教师巡回指导。

重点指导幼儿选择自己喜欢的创作方式和材料创作福船，鼓励幼儿用线条、图案大胆装饰，提醒幼儿制作出海图时注意合理布局、近大远小。

4. 展示与分享。

引导语：我们把作品布置在美工区，请小朋友们一起来欣赏我们合作创作的出海图。

五、主题活动小结

本主题共有三个活动，通过线描画、创意画等不同的形式引导幼儿认识古船的造型特点，让幼儿自主表现及创作，用线条的千变万化来表现古船的外形特征，用黑白装饰的风格表现古船的花纹及线条美，用画、折、剪的方式共同创作壮观的福船出海图，培养幼儿对美的认识，激发幼儿欣赏美、感受美、创造美的审美情趣。此外，通过让幼儿感知、了解泉州的福船，进一步感受泉州多元的侨乡文化，激发幼儿热爱家乡的情感。

六、资料链接

在唐朝中期以前，中国对外主通道是陆上丝绸之路，之后由于战乱及经济重心转移等原因，海上丝绸之路取代陆路成为中外贸易交流主通道。唐代，中国东南沿海有一条叫作"广州通海夷道"的海上航路，这便是中国海上丝绸之路的最早叫法。这条航线全长1.4万千米，是当时世界上最长的远洋航线，途经100多个国家和地区，在宋元时期更是发展成范围覆盖大半个地球的人类历

史活动和东西方文化经济交流的重要载体。海上通道在隋唐时运送的主要大宗货物仍是丝绸，所以后世把这条连接东西方的海上通道叫作海上丝绸之路。

宋末至元时期，古代中国在中外贸易中占主导地位，这一时期是海上丝绸之路发展的极盛期。海上丝绸之路的主港从广州移到泉州，泉州凭借着"四湾十六港"得天独厚的航海条件一跃成为中国第一大港，成为联系东西方国际贸易网的重要支点，是当时世界性的经济文化中心，具有重要的历史地位。

（活动设计：周萍萍）

南音乐器
（大班）

一、主题由来

　　艺术教育是幼儿园实施美育的主要途径，对于幼儿审美观、想象力和创造力的培养及健全人格的形成具有重大影响。《3～6岁儿童学习与发展指南》（以下简称《指南》）艺术领域的教育建议明确指出："创造条件让幼儿接触多种艺术形式和作品，带幼儿观看或共同参与传统民间艺术和地方民俗文化活动。"晋江市第三实验幼儿园地处泉州晋江，地方教育文化资源极为丰富，园所注重利用自然资源和文化资源进行环境创设，基于这些有利条件开展富有地方文化气息的美术教学活动，有利于提高幼儿感受美、表现美、创造美的意识和能力。根据《指南》精神及大班幼儿的年龄特点，本次主题活动选择以具有闽南特色的琵琶、洞箫、二胡等南音乐器为活动元素，让幼儿用线描写生、想象画、手工制作等形式去表现南音乐器，激发幼儿爱家乡的情感。

二、主题网络

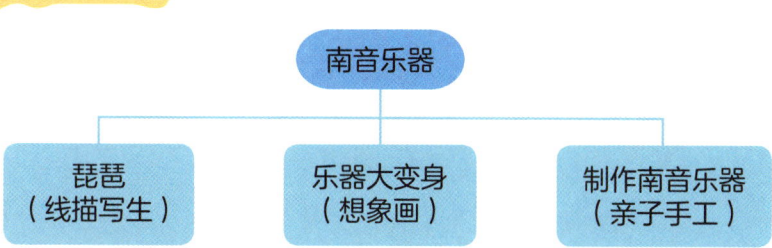

三、主题活动总目标

1. 欣赏南音乐器的造型美，尝试用线描写生、想象画、手工制作等方式表现南音乐器。
2. 利用多种工具和材料创造性地表现南音乐器。
3. 挖掘闽南丰富的文化资源，传承南音文化，激发热爱家乡的情感。
4. 积极主动地参与各种美术活动，运用不同技能表达自己的思想和感受，体验创作的乐趣。

四、主题活动案例

案例一：琵琶（线描写生）

（一）活动目标

1. 从整体到局部认真地观察琵琶，并用线描写生的方式表现琵琶的主要特征。
2. 体验乐器写生活动的乐趣。

（二）活动准备

1. 经验准备：请家长和幼儿一起认识琵琶的外形特征。
2. 物质准备：琵琶、画板、图画纸、勾线笔。
3. 环境创设：布置"琵琶展览馆"。

（三）活动过程

1. 参观"琵琶展览馆"。

（1）引导语：听说新开了一家"琵琶展览馆"，里面展出各种琵琶，我们一起去看看吧。

（2）引导幼儿从整体到局部认真地观察琵琶的外形特征。

提问：小朋友们，请你们仔细看看，琵琶的外形像什么？它由几部分组成？琴头是什么样子的？上面有什么？琴颈上面又有些什么？琴箱又是什么样子的？

小结：琵琶的头部像凤尾，身体像梨。琵琶是由"头"与"身"构成。头部包括弦槽、弦轴、山口等；身部包括相位、品位、音箱、覆手等。从琴头到琴箱，上面还有四根琴弦。

2. 用写生的方法画琵琶。

（1）通过提问，引导幼儿说一说写生的时候要如何布局画面。

提问：如果我们要把琵琶画下来，要怎么画才会更好看？

（2）提出要求：①先认真观察，再按照从整体到局部的顺序把琵琶画出来。②大胆地把琵琶画出来，并注意合理安排画面。③保持画面的干净整洁。

（3）幼儿写生，教师指导。

重点指导幼儿认真地观察，用线描写生的方式先把琵琶的轮廓画出来，再画局部。提醒幼儿注意布局，合理安排画面，并注意保持画面的干净整洁。

3. 展示作品，引导幼儿相互欣赏、评价。

案例二：乐器大变身（想象画）

（一）活动目标

1. 根据南音乐器的外形特征，借形想象，帮乐器变身。
2. 尝试运用不同的线条表现南音乐器。

（二）活动准备

1. 经验准备：幼儿已经认识各种南音乐器的外形特征。

2. 物质准备：各种南音乐器的图片、图画纸、勾线笔。

（三）活动过程

1. 出示南音乐器图片引入，激发幼儿的兴趣。

引导语：今天有些乐器朋友来到我们班，想和小朋友们玩一个变身游戏。我们来看看都有谁来了？

小结：原来是琵琶、洞箫、二胡、拍板、三弦等乐器来我们班。

2. 南音乐器的借形想象。

引导语：你认识哪几种乐器？它们是什么样子的？像什么？你想把这些乐器变成什么？

小结：小朋友们真棒，有的想把洞箫变成一把剑，有的想把琵琶变成一个穿裙子的小女生。大家的想法真不错！快快帮乐器变身吧！

3. 南音乐器大变身。

（1）提出要求：①大胆想象南音乐器变身后的形象。②用粗细、长短不一的线条大胆作画。③合理安排画面，注意保持画面的干净。

（2）幼儿创作，教师巡回指导。

4. 分享作品。

幼儿分享作品，和同伴说一说自己是怎么帮喜欢的南音乐器变身的，以及将乐器变成了什么。

案例三：制作南音乐器（亲子手工）

（一）活动目标

1. 尝试选择合适的低结构材料，运用折、剪、贴等方法制作南音乐器。
2. 体验亲子制作的乐趣。

（二）活动准备

1. 经验准备：家长和幼儿一起了解各种南音乐器的名称和外形特征。
2. 物质准备。
（1）废旧纸皮和罐子、卡纸、小纸盒、毛线、绳子、花边、毛根、无纺布、亮片、各色水粉颜料、记号笔、胶枪、胶棒、剪刀、美工刀等。
（2）各种南音乐器的图片。

（三）活动过程

1. 出示各种南音乐器图片，激发幼儿的兴趣。
引导语：家长们、小朋友们，这是什么乐器？
小结：这些都是南音乐器，有琵琶、洞箫、拍板、二胡、三弦等。
2. 制作南音乐器。
（1）引导语：今天想请小朋友们和家长们一起用各种材料制作自己喜欢的南音乐器。
（2）介绍材料。
引导语：你们看，我都为大家准备了什么材料呢？（引导家长和幼儿一起认识各种材料）
（3）家长和幼儿共同讨论用什么材料制作什么乐器。（教师参与讨论，建议家长选择更适合的材料制作乐器）
引导语：请每组家庭派代表说一说选择了什么材料，要制作什么乐器。
小结：有的家庭喜欢用纸皮来制作，有的家庭喜欢用罐子来制作……每组

家长和小朋友都根据不同的乐器选择了不同的材料。

（4）提出制作要求：①选择适合的材料，与爸爸妈妈共同制作自己喜欢的乐器。②制作过程中注意安全使用剪刀、美工刀、胶枪等工具。

（5）家长和幼儿一起制作南音乐器。

教师参与家长和幼儿的制作，协调制作中出现的各种问题，协助家长选择适合制作该乐器的材料，让乐器更美观。

3. 展示南音乐器手工作品。

（1）教师、家长和幼儿共同欣赏制作好的南音乐器。

幼儿向同伴介绍自己是用什么材料制作喜欢的乐器。

（2）教师、家长和幼儿一起讨论不足的地方，以及如何进一步改进让南音乐器更美观。

（3）组织家长和幼儿共同整理材料。

五、主题活动小结

本主题活动包含"琵琶""乐器大变身""制作南音乐器"等系列活动，采用线描写生、想象画、亲子手工等活动形式。在线描写生活动中培养了幼儿的观察力；在想象画活动中引导幼儿借形想象，最大限度地激发幼儿创作的兴趣和热情；在亲子手工活动中不仅让幼儿学习用各种材料进行拼贴、造型、创作，更增进了亲子之间的感情。"南音乐器"主题活动的开展，将本土文化融入幼

175

园的美术活动中，不仅让幼儿关注南音、融入南音，认识南音的各种乐器，感受南音的魅力，还让幼儿在活动中大胆创作表现，欣赏并感受到作品的造型美和色彩美。

六、资料链接

南音也称"弦管""泉州南音"，是闽南地区的传统音乐，也是世界级非物质文化遗产之一。南音演奏乐器有"上四管"和"下四管"之分，"上四管"乐器有洞箫（或笛子）、二弦、三弦、琵琶和拍板；"下四管"乐器有中音唢呐、二弦、三弦、琵琶以及打击乐器响盏、狗叫（小铛锣）、木鱼、铜铃和扁鼓等。在惠安一带还有用云锣、铜钟、小钗和笙等。

南音所用的主要乐器洞箫又称"尺八"，十目九节，其长0.6米，音孔前五后一，沿用唐箫规制，音色典雅浑厚、柔和优美。泉州洞箫与现今日本专门收集民间乐器的博物馆正仓院保存的唐制"尺八"形制一样，日本"尺八"是中国隋唐时代传过去的。南琵琶，是保留唐代形制的曲项琵琶。南琵琶演奏时采用横抱姿势，和泉州开元寺内的飞天乐伎及敦煌壁画上的飞天造型十分相似。弹奏时低音淳厚沉抑，中音明快柔和，高音坚实清脆、紧张尖锐。南音的二弦与魏晋奚琴相似，琴杆、琴筒、琴轸均为竹制，琴弓亦为竹丝，音色柔和甜美，其声极为古朴。三弦中、低音浑厚坚实，高音响亮。拍板与唐以前的"节"相同，由五块荔木片串成，演唱者双手执拍板，于乐曲强拍处撩拍。

（活动设计：庄锦兰）

咱厝龙舟
（大班）

一、主题由来

"五月节，扒龙船，大人孩子哗哗滚。"一首经典的关于端午节赛龙舟的闽南童谣在班级孩子中广为传唱。在赛龙舟活动中，孩子们接触到龙舟的形象，常常会有孩子说："老师，龙舟身上的花纹好漂亮，我要去美工区画一只。"还有的孩子会问："老师，你有像童谣里那样划过龙舟吗？龙舟是像龙一样的小船吗？"孩子们对于龙舟颇感兴趣。那么什么是赛龙舟呢？激昂的鼓点，震天的呐喊，齐桨划破水面，条条长舟飞龙般疾驰，如水鸟般轻盈，你追我赶，百舸争流。——这就是赛龙舟。

晋江市第三实验幼儿园地处闽南，常常利用传统节日的契机，开展闽南传统节日的相关教育活动。幼儿通过中国传统节日"端午节"，了解闽南地区赛龙舟的文化习俗。幼儿对龙舟的外形特点，还有龙舟身上的花纹样式都充满好奇，在欣赏龙舟的基础上，主动地想要通过绘画表现龙舟的美。据此，本次主题活动开展"咱厝龙舟"相关美术系列活动，通过欣赏、绘画、手工等方式引导幼儿大胆地进行创作，表达自己对龙舟的喜爱之情，激发爱家乡的深厚感情。

二、主题网络

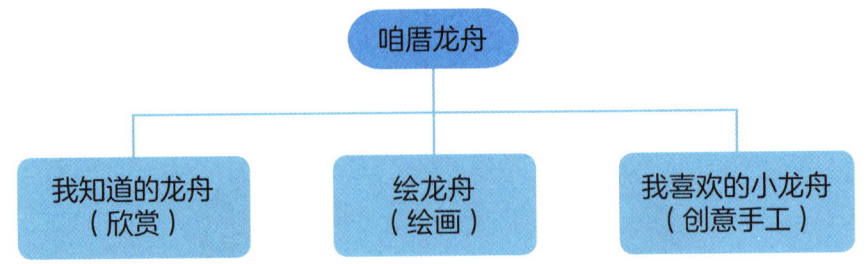

三、主题活动总目标

1. 初步了解端午节赛龙舟的风俗习惯及其文化内涵，并对之感兴趣。
2. 欣赏龙舟不一样的形态和装饰特点，用自己喜欢的绘画、手工制作等方式进行艺术表现活动。
3. 善于利用废旧物品开展美术活动，树立环保意识。
4. 喜欢参加美术欣赏、绘画、手工制作等活动，体验艺术创作的乐趣，激发对家乡文化的真挚情感。

四、主题活动案例

案例一：我知道的龙舟（欣赏）

（一）活动目标

1. 了解端午节赛龙舟的传统文化习俗，并对之感兴趣。
2. 欣赏龙舟不一样的形态和装饰特点。

（二）活动准备

1. 经验准备：幼儿初步了解闽南端午节习俗，了解龙舟的外形特点。

2. 物质准备：童谣吟唱视频《扒龙船》、PPT 课件（展示龙舟及龙舟绘画作品）。

（三）活动过程

1. 欣赏童谣吟唱视频《扒龙船》，激发幼儿参与活动的兴趣。

引导语：今天老师带来一个有趣的视频，让我们一起来欣赏吧。

提问：视频里的人们在做什么？赛龙舟活动是在什么节日举行的？

小结：视频里的童谣说的是，每逢端午节，人们就会举行水上赛龙舟的活动。赛龙舟的场面热闹非凡，比赛的口哨声一响，船桨起起落落，击打出水花，锣鼓声和呐喊声交织，每条龙舟都要争第一。

2. 欣赏图片，引导幼儿了解龙舟的特点。

引导语：龙舟是什么样子的？它由哪些部分组成？

小结：龙舟是船上画着龙或做成龙的形状的船，龙舟由船头、船身、船尾组成。龙舟的船身、船桨、船舵是由杉木制作而成的。船头上安装的是木雕龙头，船身漆绘有颜色的鳞片。人们一般按照颜色来给龙舟取名字。

引导语：闽南龙舟与其他地方的龙舟有什么不一样的地方？你观察到了么？

小结：在我们闽南地区，大多以红色、黄色、橙色为主色装扮龙舟。

3. 欣赏龙舟绘画作品，激发幼儿绘画兴趣。

引导语：这些画上的龙舟用了哪些装饰方法？给你什么感觉呢？

小结：小画家们用自己喜欢的直线、弧线、水波纹以及拱形、圆形、三角形等线条和图形装饰龙舟，使龙舟呈现出不同的特点。

引导语：你想怎么绘画自己喜欢的龙舟呢？用什么颜色搭配？

小结：龙舟色彩缤纷，可以用蓝色、白色、红色、黄色、金色、银色等多种颜色搭配装饰。龙舟身上的花纹鳞片有规律地重叠排列。每一片鳞片的颜色相同，样式、大小也相同，整齐、规律且美观。我们可以用线条、图形或色块装饰龙舟。我知道你们也迫不及待地想创作了，那么在下次活动中，我们就一起来画一画龙舟吧！

案例二：绘龙舟（绘画）

（一）活动目标

1. 了解龙舟画的表现形式以及运用的线条、颜色、图案的特点。
2. 运用不同的线条、形状、图案等装饰龙舟，体验创作的乐趣。

（二）活动准备

1. 经验准备：幼儿初步了解龙舟的外形及其装饰花纹的特点。
2. 物质准备：红色卡纸、橙色卡纸、粗细勾线笔、马克笔、剪刀、白色丙烯颜料、排笔、龙舟图片。

（三）活动过程

1. 出示龙舟的图片，激发幼儿参与活动的兴趣。

引导语：上次活动中，我们欣赏了龙舟，龙舟身上的鳞片有什么特点？

小结：龙舟的身上刻画着层层鳞片，鳞片重叠在一起，有层次、有规律地排列着。每一片鳞片的颜色相同，样式、大小也相同，整齐、规律且美观。有的龙舟是用线条装饰，有的是用图形装饰，有的是用色块排列装饰。

2. 经验导入，引导幼儿回顾线描绘画的特点。

（1）引导语：线描绘画都有哪些特点呢？谁来说一说你所知道的线描装饰方法？

（2）幼儿集体交流自己对线描绘画的了解。

（3）引导语：你想用什么线条、图形或者色块来装饰龙舟的鳞片呢？（初步了解幼儿创作意愿，引导幼儿交流自己的创作想法）

（4）小结：小朋友们的交流真是精彩！就像你们所说的，线描画由点、线、面组成。运用点、线、面的组合可以使画面产生丰富的变化。我们可以划分出不同的区域，分别进行不同的装饰填充，可以用点线结合、黑白结合的方式进行装饰，还可以用图形进行有规律的装饰。

（5）过渡语：大家各有各的独特装饰想法，在创作前，老师也有几点要求，

认真听哟!

3. 提出创作要求。

(1) 选择喜欢的卡纸及合适的绘画工具。

(2) 大胆地用自己喜欢的线条、图形、色块等装饰鳞片。

(3) 可以粗细搭配、点线结合、黑白结合,注意合理布局。

(4) 可以独自创作,也可以小组合作共同完成作品。

4. 幼儿创作,教师指导。

教师观察,重点引导幼儿合理运用线描的方法进行装饰,圈边部分粗细要合理。

5. 作品欣赏,交流点评。

引导语:你喜欢哪一幅作品?它是怎么装饰龙舟的?

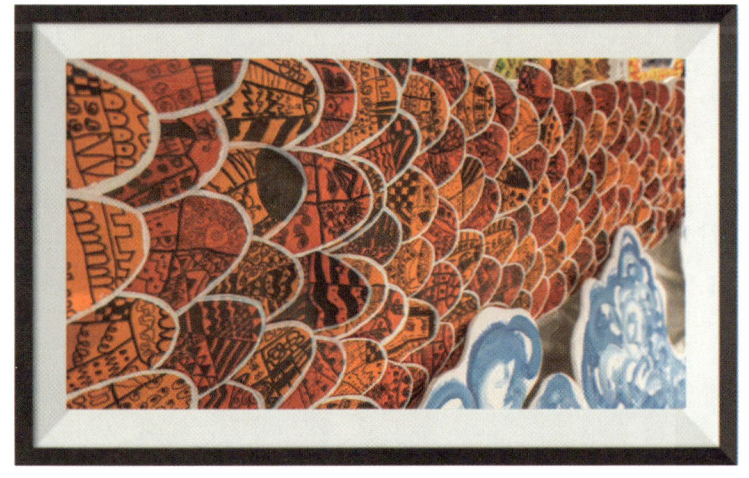

案例三：我喜欢的小龙舟（创意手工）

活动视频二维码

（一）活动目标

1. 选择自己喜欢的装饰材料，重点通过堆叠的方式大胆创作立体的小龙舟。
2. 尝试合作进行艺术表现活动。
3. 喜欢参与艺术活动，提升创造力，提升审美情趣，体验分工合作的乐趣。

（二）活动准备

1. 经验准备：幼儿了解制作玫瑰花的方法，已在区域活动中使用过各种低结构材料、废旧材料。

2. 物质准备：幼儿龙舟作品（彩泥龙舟与线描画龙舟）、PVC半成品小龙舟、竹片、簸箕、各种辅助材料（彩泥、勾线笔、彩色马克笔、长条彩色卷纸、小卡纸、手工纸、金色闪粉、金色铁丝条、彩色吸管、扭扭棒、双面胶、手工胶水、颜料等）。

（三）活动过程

1. 欣赏幼儿龙舟作品。（出示彩泥龙舟与线描画龙舟）

引导语：你看到的龙舟是什么样的？它们有什么不一样的地方呢？

小结：在区域活动的时候，我发现我们班的小朋友利用超轻彩泥按照制作玫瑰花的方法（堆叠）来装饰自己的龙舟。而相比我们用笔绘画的平面龙舟，这样的小龙舟就有了立体的效果，一片片鳞片摸上去凹凸起伏，给小龙舟增添了活力。

2. 出示材料，激发幼儿创作想法。

引导语：你认识哪些材料呢？你想用什么材料装饰你的小龙舟？和你旁边的伙伴说一说你的想法。

小结：美工区材料柜里有各种各样的材料，小朋友们可以从中选择自己喜欢的一两种材料，如吸管、彩泥、手工纸、扭扭棒等，装饰小龙舟。

3. 提出要求，幼儿创作。

（1）根据所选的材料选择合适的制作方法进行创作，注意颜色搭配及大小比例。

（2）安全使用辅助工具，用完后及时整理。

（3）尝试与同伴合作完成作品。

4. 展示作品，欣赏评价。

引导语：你喜欢哪一条龙舟？它是怎么制作、装饰的？

五、主题活动小结

本次主题活动以绘画、创意手工等多种表现形式进行创作。活动初期重在引导幼儿接触与欣赏龙舟，丰富其感性经验和审美情趣，激发幼儿的兴趣，让他们发现美。在此基础上，为幼儿提供自由表现的机会，鼓励幼儿用不同的艺术表现形式大胆地进行创作，表达自己对身边事物的理解与想象。活动中教师尊重每个幼儿的独特想法和创造，肯定幼儿的作品，接纳幼儿独特的审美感受和表现形式，欣赏他们的艺术创作，分享他们创造的乐趣。

孩子，是天生的艺术创造者。只要给予肯定、支持并提供创造的机会，定会惊喜不断。活动中，幼儿不仅参与了绘画、手工创作，还利用了生活中的物品和废旧材料制作作品，美化自己独特的"大龙舟"与"小龙舟"，引来一致的认可与好评。通过本次活动，幼儿的美术技能都大大地提高了一个层次，而且有的幼儿从一开始的不自信，到最后发现自己的"独特"，收获了满满的成就感。

六、资料链接

龙舟文化与闽南结缘，形成了极具特色的闽南龙舟文化。千百年来，闽南人以龙舟为介体，通过龙舟竞渡，表达了对屈原的缅怀，亦传承了深刻的精神内涵。龙舟文化彰显了闽南人不甘落后、奋勇争先、拼搏进取、挑战自我，以及感恩的精神。龙舟文化对闽南精神的重塑有着重要的影响，它强化了闽南人的爱国之情，塑造了大团队意识，诉求了"商""义"并行的和谐理念。在当代，龙舟文化促进了闽南精神的嬗变。身为闽南文化的世世代代传人，闽南人注重家乡传统文化的传播，从小培养孩子们爱家乡的深厚感情。

（活动设计：许婉婷）

泉州印度教石刻
（大班）

一、主题由来

泉州是中国唯一保留着印度教寺遗存的城市。宋元时期，泉州成为东方第一大港，带动了印度教等众多异域宗教文化的交流。二十世纪二十年代以来，泉州城区出土和发现的大批印度教石刻是印度教寺庙和祭坛的建筑构件。石刻的内容多取材于印度著名史诗《摩诃婆罗多》《罗摩衍那》以及古经典《往事书》中的神话故事，图案精美，生动传神。从这些散落在泉州城乡各处的印度教石刻构件、地方文史记录、代代相传的民间传说来看，宋元时期的泉州至少有一座规模宏大、充满异域风情的印度教寺庙。

这些印度教石刻，包含有立式神像、石龛、石柱及柱头、柱础、底座、石垛、雀替、装饰石等建筑构件。石刻图像以印度教神灵和神话故事为蓝本，并且吸收了中国元素——莲花、菊花、狮子戏球等，加以印度及中国常见的纹饰——卷云纹、波浪纹、莲瓣纹、折枝莲纹等，塑造出兼有中国风味的印度图像。石刻融入了中国美学观，比如内敛的雕刻手法、写实的艺术创作和留白的构图艺术，彰显出时代的雕刻艺术魅力，值得幼儿学习和借鉴。

二、主题网络

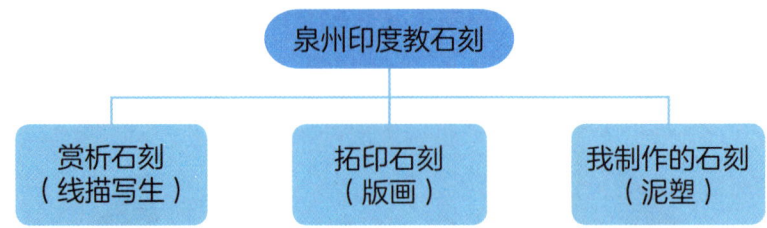

三、主题活动总目标

1. 欣赏印度教石刻，知道印度教石刻种类丰富，感受各种异域风情图案的造型美。

2. 有动手参与艺术活动的兴趣，学会运用线描、版画和泥塑的方法表现印度教石刻。

四、主题活动案例

案例一：赏析石刻（线描写生）

（一）活动目标

1. 欣赏印度教石刻，感受湿婆、毗湿奴、摔跤手、大象、狮子戏球等图案的美感。

2. 尝试运用线描的方法绘制印度教石刻图案。

（二）活动准备

1. 经验准备：活动前请家长带幼儿参观泉州开元寺和泉州海外交通史博物馆中的印度教石刻。

2. 物质准备：课件（展示印度教石刻）、勾线笔、裁好的圆形米色画纸、画板。

（三）活动过程

1. 课件引入，激发幼儿的兴趣。

引导语：今天老师带来了许多印度教石刻的照片，我们一起看一看、瞧一瞧吧！

2. 组织交流活动，引导幼儿介绍自己喜欢的石刻。

引导语：你最喜欢哪一件石刻？为什么？它上面有什么图案？

小结：泉州的印度教石刻种类丰富，有湿婆、毗湿奴、摔跤手、克利希那、大象、狮子戏球、双凤衔瑞草等图案。这些图案中大部分是以神话故事为蓝本演变而来的，看起来很精美、很特别。

3. 幼儿绘画，教师巡回指导。

（1）引导语：今天老师要请你们来画一画印度教石刻。

（2）提出要求：①仔细观察你喜欢的印度教石刻的造型。②用线描的方式绘画印度教石刻。

4. 展示作品，进一步感受印度教石刻的图案美和造型美。

引导语：你最喜欢哪个小朋友的作品？为什么？

案例二：拓印石刻（版画）

（一）活动目标

1. 尝试运用吹塑板进行油印，体验版画制作的乐趣。
2. 用简单的线条表现泉州印度教石刻的图案。

（二）活动准备

1. 经验准备。

（1）幼儿了解泉州印度教石刻的来源和图案。

（2）幼儿已有制作版画的经验。

2. 物质准备：印度教石刻图片、吹塑板、拓印工具、黑色油墨、铅笔、宣纸、夹子、围兜、抹布等。

（三）活动过程

1. 以印度教石刻图片引入，激发兴趣。

引导语：谁来分享一下你最喜欢的印度教石刻是什么样子的呢？

小结：泉州的印度教石刻种类丰富。有的小朋友喜欢刻有中国传统的莲花、菊花、双狮戏球图案的石刻，有的喜欢刻有体现印度文化的湿婆、蛇、大象图案的石刻。这些浮雕既立体又美观。

2. 鼓励幼儿尝试制作印度教石刻版画。

（1）引导语：今天印度教石刻展馆想请你们用版画的形式来呈现印度教石刻的图案。你想怎样制作呢？和好朋友说一说。

（2）简单介绍材料。

引导语：我们今天的材料有宣纸、铅笔、黑色油墨、吹塑板、拓印工具、夹子、抹布等。

（3）提出要求：①在吹塑板上用力刻出你喜欢的印度教石刻的图案。②拓印时，宣纸与吹塑板对齐，固定好，不可随意移动。③保持作品的干净整洁，手脏了要用抹布擦干净。

3. 幼儿创作，教师指导。

重点指导幼儿在吹塑板上较完整地刻出印度教石刻的图案，提醒幼儿上好油墨，再把吹塑板和宣纸对齐，然后用拓印工具拓印。

4. 作品展示，幼儿分享交流。

提问：你呈现的是什么样的印度教

石刻图案呢？制作的时候，你有遇到问题吗？怎么解决的呢？

小结：你们都很有想法，呈现了不同图案的印度教石刻，馆长都夸大家太棒了！有的作品油墨比较清晰、均匀，而有的作品图案不够清晰，说明用笔刻画的痕迹比较浅，力气不够。有不足的地方我们下次再改进吧！

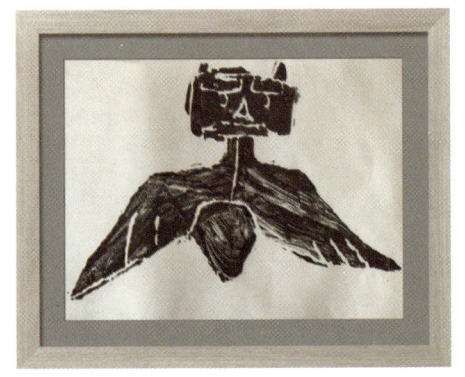

案例三：我制作的石刻（泥塑）

（一）活动目标

1. 欣赏各种泉州印度教石刻，体验泥塑制作的乐趣。
2. 尝试运用搓、团、压、捏等技法大胆表现泉州印度教石刻。

（二）活动准备

1. 经验准备：幼儿与家长共同欣赏、了解泉州印度教石刻。
2. 物质准备：底板、黑色超轻泥、泥塑工具、金色丙烯颜料、蘑菇海绵。
3. 环境创设：展示台。

（三）活动过程

1. 由创办幼儿园"印度教石刻馆"引入，激发幼儿的兴趣。

引导语：今天，我们幼儿园要办"印度教石刻馆"，馆里面要展示小朋友们制作的印度教石刻，你们想参与吗？

提问：你想制作什么样的印度教石刻呢？和旁边的小朋友说说你的想法吧。

小结：小朋友们对于石刻的图案都很有想法。有的想制作神话人物的图案，有的想制作神兽的图案……制作的时候要记得凸显石刻的立体和精美。

2. 创作印度教石刻。

（1）出示材料：底板、黑色超轻泥、泥塑工具、蘑菇海绵和金色丙烯颜料。

（2）提出要求：①先想好要制作的印度教石刻的图案，用超轻泥在底板上进行制作。②运用搓、团、压、捏等泥塑技法制作。③用蘸、刮、点的方法上颜料。

（3）幼儿创作，教师指导。

教师重点指导幼儿运用泥塑技法制作，提醒幼儿不在同一个地方叠加太多颜料，保持作品的美感。

3. 评价幼儿制作的印度教石刻。

引导语：小工匠们，你们最喜欢哪一幅作品？为什么？

五、主题活动小结

泉州印度教石刻种类丰富，但是对幼儿来说则比较久远、陌生，不易理解。根据大班幼儿的年龄特点，经与幼儿商量，确定泉州印度教石刻的研究重点是：源于印度教神话传说、融合泉州元素的石刻。例如：泉州海外交通史博物馆的大象与林伽、双手合十的男子（武士）、猴王哈奴曼，泉州开元寺大雄宝殿前月台束腰处的狮身人面浮雕，开元寺十六角形石柱上的双人角力、顽皮的克利希那、鹊鹿蜂猴、菊花、双凤衔瑞草等石刻。

活动前期家长带幼儿实地参观泉州开元寺和泉州海外交通史博物馆的宗教石刻陈列馆，帮助幼儿了解泉州宗教石刻的传入历史，感受泉州宗教石刻种类的丰富以及图案的精美；通过引导幼儿了解不同石刻的寓意，感受雕刻艺术的魅力，激发幼儿爱祖国、爱家乡的情感。

《3～6岁儿童学习与发展指南》中指出："在幼儿自主表达创作过程中，不做过多干预或把自己的意愿强加给幼儿，在幼儿需要时再给予具体的帮助。"本主题活动从大班幼儿的年龄特点出发，提供勾线笔、画纸、吹塑板、铅笔、油墨、宣纸、黑色超轻泥、泥塑工具等让幼儿通过线描、版画、泥塑等形式创意表现泉州宗教石刻。通过主题活动的开展，幼儿了解了泉州印度教石刻的来源，了解其造型特点和寓意，能用简短的语言描述石刻，并自主选择材料用不同方式表现泉州印度教石刻。活动中幼儿兴趣浓厚，认真地制作，作品富有创造性。幼儿的想象力和创造力有所提升，对泉州的宗教石刻艺术有了深刻的印象和浓厚的自豪感。

六、资料链接

泉州拥有的大量印度教石刻，在中国古代宗教石刻中非常罕见。比较典型的是在泉州开元寺十六角形石柱上雕刻有与毗湿奴相关的神话故事，如毗湿奴化身为人狮、毗湿奴与坐骑金翅鸟、毗湿奴解救象王等。最有趣的是毗湿奴化身克利希那，既有顽皮的童子形象，也有悠闲地吹着长笛的画面，还有克利希那逗趣少女的雕刻。克利希那是印度教最富有人性的神，深受信徒的崇拜和喜爱。两根十六角形石柱上，除了刻有源自印度教经典的图案，还有一组极具中

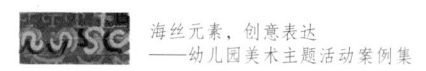

国传统雕饰风格的吉祥图,比如寓意为"爵禄封侯""双狮戏球""双凤朝阳"的图案,以及莲瓣、海棠、菊花之类的图案。两种截然不同的艺术风格同在一根石柱上,也许正是不同文化背景的人们和谐相处的缩影。此外,泉州开元寺大雄宝殿前月台束腰处嵌砌的 73 方狮身人面浮雕,也是来自元代印度教寺庙的遗存。

(活动设计:王鸿莲)

 **骑楼上的侨乡文化符号**

（中班）

一、主题由来

《幼儿园教育指导纲要》指出："引导幼儿接触周围环境和生活中美好的人、事、物，丰富他们的感性经验和审美情趣，激发他们表现美、创造美的情趣。"因此美术教育活动应立足于幼儿生活实际，注重开发地方资源，发掘本土文化特色。骑楼，作为典型融合中西文化的闽南特色建筑，其建筑特色和装饰特色处处体现多元文化交融的美感。将骑楼上各式各样的女儿墙、刻有天使浮雕的墙面、红砖叠涩的阿拉伯尖拱窗等元素，作为开展"骑楼上的侨乡文化符号"美术教育活动的资源，极具价值。中班幼儿的认知水平尚处于具体形象思维阶段，因此本主题活动在艺术表现技能的掌握上更趋向于要求幼儿观察物体基本结构，用点、线进行平面设计。基于中班幼儿艺术学习的特点和兴趣开展本系列活动，不仅有助于提高幼儿感受美、表现美、创造美的意识和能力，培养幼儿的艺术素养，还有助于幼儿了解骑楼的建筑风格和特色，激发幼儿热爱家乡的情感，促进幼儿素质的全面提高。

二、主题网络

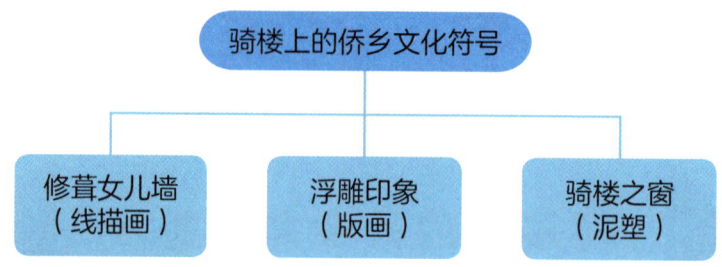

三、主题活动总目标

1. 了解骑楼建筑历史背景，感受多种文明相互碰撞中的骑楼建筑文化。
2. 欣赏骑楼建筑结构美和装饰美，提高对本土特色建筑的审美评价能力。
3. 能通过多种艺术表现手法表现骑楼女儿墙、墙面浮雕、骑楼窗等侨乡文化元素。
4. 乐于参加与骑楼有关的美术教学活动，提高感受美、表现美、创造美的意识和能力。
5. 培养正确的文化价值观，以艺术的眼光看待周围生活，了解喜爱多元的侨乡文化。

四、主题活动案例

案例一：修葺女儿墙（线描画）

（一）活动目标

1. 欣赏女儿墙纹样特征，初步感知对称美感。
2. 尝试使用线描的方法修复女儿墙图稿。
3. 大胆进行创作，体验成功的乐趣。

（二）活动准备

1. 经验准备：幼儿已参观过中山路骑楼建筑，了解过不同的骑楼女儿墙。
2. 物质准备：残缺的女儿墙图稿、勾线笔、展板、骑楼女儿墙照片等。
3. 环境创设：作品展示台。

（三）活动过程

1. 欣赏骑楼女儿墙照片，感受骑楼女儿墙的纹样特点。

引导语：今天老师带来两张照片，每张照片上都有一座带有女儿墙的骑楼。你喜欢哪一座骑楼的女儿墙？为什么？它的纹样有什么样的特点？

小结：刚刚我们看了骑楼建筑，大家都觉得骑楼很美，小朋友们还发现骑楼的女儿墙上有很美的花纹，有的是人物飞天花纹，有的是西方卷花花纹，有的是中国云纹，有的是双狮图案……图案对称又美观。

2. 以征集作品引入，激发幼儿创作兴趣。

（1）引导语：为了让更多的游客欣赏到漂亮的骑楼女儿墙，政府有关部门将举办征集骑楼女儿墙宣传作品的活动，你们想参加吗？

（2）介绍材料。

（3）幼儿操作，教师巡回指导。

重点指导幼儿注意观察女儿墙，用线条描画出完整图案。

3. 欣赏作品，交流评价。

幼儿相互观看作品后，说说自己喜欢的骑楼女儿墙的造型，教师表扬大胆创新的幼儿。

案例二：浮雕印象（版画）

（一）活动目标

1. 了解在中西文化交融中形成的骑楼浮雕图案风格。

2.尝试用黑色油墨拓印骑楼浮雕。

3.感受骑楼浮雕图案美，体验拓印的乐趣。

（二）活动准备

1.经验准备。

（1）幼儿有拓印经验，了解基本的拓印方法。

（2）幼儿初步认识骑楼上的浮雕图案，如中国传统的祥云浮雕、葫芦飘带浮雕、西方风格的卷花浮雕、葡萄浮雕、天使浮雕，有宗教色彩的大象浮雕、莲花浮雕，等等。

2.物质准备：黑色油墨、拓印工具、宣纸、铅笔、吹塑板、湿毛巾等。

3.环境创设：布置"骑楼文化馆"，展示骑楼浮雕图片。

（三）活动过程

1.以参观展览导入，引导幼儿欣赏浮雕图案。

（1）自由观赏骑楼浮雕图片。

引导语：今天"骑楼文化馆"开张啦！负责人邀请我们参观，这里有好多骑楼浮雕的图片，让我们来看看都有什么样的浮雕图案吧！

（2）幼儿交流分享感受。

引导语：你看到什么图案的浮雕？你最喜欢哪一种浮雕？为什么？（引导幼儿观察浮雕特色）

小结：有的小朋友喜欢中国传统的祥云、葫芦图案，有的小朋友喜欢西方风格的卷草舒花图案，有的小朋友喜欢带有宗教色彩的大象、莲花、天使图案。骑楼的浮雕真是多种多样，又立体又美观。

2.激发幼儿设计浮雕的兴趣。

引导语：骑楼浮雕真是美极了，让我们也一起参与设计骑楼浮雕吧！你想设计什么图案的浮雕呢？

小结：原来每个人的想法都不一样，让我们通过拓印把自己的设计记录下来吧！

3.鼓励幼儿尝试设计，用油墨进行浮雕拓印。

（1）简单介绍材料。

（2）提出要求：①在吹塑板上用力刻出喜欢的浮雕图案。②拓印时，宣纸与吹塑板对齐，不可随意移动。③用油墨拓印，保持桌面整洁。

（3）幼儿创作，教师指导。

重点指导幼儿在吹塑板上较完整地刻出骑楼浮雕图案。

4. 作品展示，幼儿分享交流。

引导语：这么多漂亮的浮雕图案，你觉得谁设计的最美？为什么？

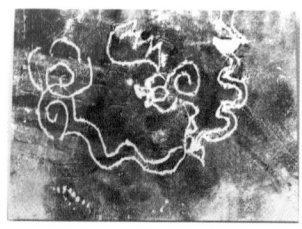

案例三：骑楼之窗（泥塑）

活动视频二维码

（一）活动目标

1. 欣赏骑楼窗中西结合的风格特点，并设计平面窗型。
2. 尝试使用搓条、揉压、盘绕等泥塑技法塑造骑楼窗模型。
3. 体验平面泥塑活动乐趣。

（二）活动准备

1. 经验准备：幼儿已欣赏过罗马式、阿拉伯式等不同风格的骑楼窗型；幼儿较熟悉超轻泥的使用方法。

2. 物质准备：课件"骑楼之窗"、白色超轻泥、泥塑工具、透明硬卡片、白色勾线笔、胶枪等。

3.环境创设：布置骑楼窗展区。

（三）活动过程

1.情境导入，引导幼儿欣赏多样的骑楼窗型。

（1）欣赏骑楼窗型，了解窗型特点。

引导语：欢迎大家来到骑楼窗展区！这里都有什么样的骑楼窗呢？你最喜欢哪一种？让我们边参观边说一说！

（2）幼儿交流，分享观赏感受。

引导语：你最喜欢哪一款窗型？为什么？（引导幼儿观察窗楣特色和浮雕装饰）

小结：骑楼窗是中西文化结合的产物，它们有的是阿拉伯式的尖拱形窗，有的是罗马拱券式窗型，窗型丰富多样。有的窗上有繁复的浮雕，呈现出法式洛可可风格。

2.幼儿交流，设计窗型。

（1）引导语：由于骑楼窗户年久失修，越来越多的骑楼窗失去了往日的光彩。今天骑楼管理人员邀请我们来帮忙设计新的骑楼窗，你想设计什么样的骑楼窗呢？

（2）幼儿设计窗型底稿。

引导语：每个人的想法都不一样，现在，你可以在透明硬卡片上用笔设计出骑楼窗哟！（重点指导幼儿设计出有特色的窗楣、窗柱、窗框等）

（3）交流设计稿，分享窗型及特点。

引导语：有谁愿意来介绍你的设计稿呢？说说你设计的骑楼窗是什么样的。（幼儿介绍不同的窗型设计）

小结：小朋友们设计的窗型都不一样，各有特色！

3.提出泥塑要求，幼儿自由创作。

（1）引导语：现在，我们需要用超轻泥塑造出骑楼窗模型，我们应该怎么做呢？

（2）提出要求：①用搓条、揉压、盘绕等泥塑技法塑造骑楼窗模型。②塑形时，注意画面的整洁。

（3）幼儿自由创作。

重点指导幼儿根据设计稿用搓条、揉压、盘绕等技法完整塑造出骑楼窗模型。

4.欣赏作品，分享创作的喜悦。

引导语：你最喜欢哪个骑楼窗？为什么？

小结：今天你们设计的骑楼窗真是丰富多样，有的窗户的欧式窗楣小巧又精致，有的窗户用拼贴、盘绕的方法制作浮雕立体又漂亮！让我们把这么棒的作品一起放到"骑楼文化馆"展出吧！

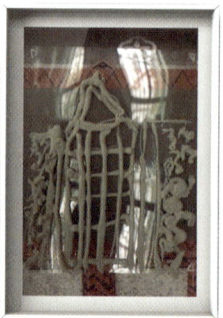  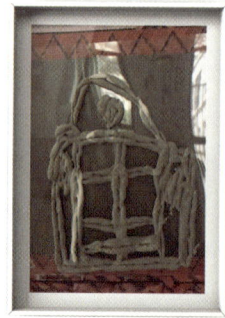 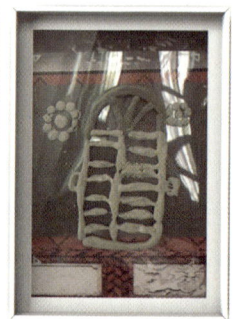

五、主题活动小结

本主题活动以骑楼为出发点，充分挖掘骑楼上的侨乡文化符号作为美术教育资源。在引导幼儿了解骑楼建筑风格和特色，通过多种艺术表现形式创作有关骑楼的作品的同时，激发幼儿感受美、表现美、创造美的能力。活动采用的主要美术创作形式是线描画、版画、泥塑等。主题活动开展过后，幼儿的美术水平都有了一定的提升。

本主题活动立足于闽南文化，幼儿觉得熟悉且亲近。多样化的美术活动符合幼儿好奇心强的年龄特点，活动发展了幼儿的想象力、创造力，尊重幼儿的兴趣，并在幼儿的兴趣点上挖掘具有教育价值的内容，使幼儿获得有关经验，体验成功，树立自信心。在感受美、欣赏美的过程中，给予幼儿充分的观察、欣赏的时间，让他们获得丰富的直接经验，从而激发创作的灵感和兴趣。

活动中部分幼儿想要自己设计骑楼，在个别指导或者区域指导过程中，教师会给予幼儿自由创作的时间和机会。美术活动中教师始终坚持以幼儿为本，绝不把自己的意志强加于幼儿，充分理解幼儿、信任幼儿、欣赏幼儿，挖掘他

们的闪光点，呵护他们的创造潜能。在这样的引导方式中诞生的幼儿作品独创性很强，不再是一眼望去都是一样的东西。另外，教师在主题活动的基础上还尝试了许多不同的艺术欣赏方法，如让幼儿观看骑楼的相关视频后再进行创作，让幼儿参与布置"骑楼文化馆"等，大大激发了幼儿的兴趣和创造力。

六、资料链接

（一）侨乡文化

泉州历史上旅居海外的华侨较多，故被称为侨乡。华侨在吸收西方文化并与本土文化相结合上表现出的大胆的文化创新，及与当地自然和人文地理环境相融合的智慧，形成独特的侨乡文化。

（二）泉州骑楼

泉州中山路的沿街廊柱式骑楼浓缩了南洋式建筑精华，是我国保存最完整的联排式骑楼建筑商业街。这些骑楼建筑既结合泉州民居的传统特色，又融入海交文化的建筑精华，是中西合璧的成功范例，具有很高的艺术价值和学术价值。

（三）骑楼女儿墙

骑楼女儿墙是骑楼屋顶周围的矮墙，主要作用是保护人员的安全，并对建筑立面起装饰作用。

（活动设计：杜珊珊）

诙谐有趣的拍胸舞
（大班）

一、主题由来

泉州拍胸舞是福建最具代表性的民间舞蹈之一，被誉为"东方迪斯科"，是古代闽越族舞蹈之遗存。拍胸舞为男性舞蹈，舞者头戴草圈，赤足，裸上身，舞蹈动作以蹲裆步为主，双手依次击掌，拍击前胸、两肋、腿部。音乐高昂激越时可双脚反复顿地，音乐舒缓和畅时则抚胸翻掌、扭腰摆臀，动作圆柔而诙谐，活泼而妙趣横生。舞者诙谐有趣的动作、夸张的表情能够很好地激发幼儿模仿和创作的欲望，故以闽南优秀传统文化元素拍胸舞为题材，能很好地达到以美育人、以文化人的目的，增进幼儿对闽南优秀传统文化的了解，有利于闽南优秀传统文化的传播。

二、主题网络

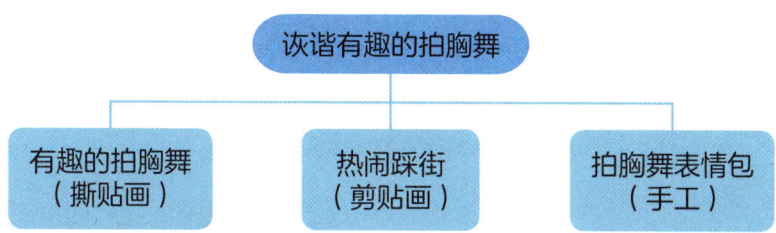

三、主题活动总目标

1. 通过收集资料、观看视频等形式，了解拍胸舞的由来和独特魅力，在愉快的创作过程中，传承闽南优秀传统文化。
2. 运用绘画、撕贴、剪贴等不同的美术表现手法，大胆表达对拍胸舞的喜爱之情，并能表现出拍胸舞舞者的独特造型。
3. 喜欢艺术活动，并愿意主动参与其中。

四、主题活动案例

案例一：有趣的拍胸舞（撕贴画）

（一）活动目标

1. 用撕纸、贴纸等形式大胆表现拍胸舞夸张的动作。
2. 感受拍胸舞的诙谐有趣，激发爱家乡的情感。

（二）活动准备

1. 经验准备：幼儿对拍胸舞有初步的认识，已有撕纸创作的经验。
2. 物质准备：幼儿撕纸作品《拍胸舞舞者》，拍胸舞视频，肤色、黄色、红色的纸，油画棒，固体胶，展示板。

（三）活动过程

1. 观看拍胸舞视频，引导幼儿欣赏拍胸舞。

引导语：今天老师带来了一段有趣的拍胸舞视频，我们一起来看看。

提问：看完拍胸舞视频你们感觉怎么样？

小结：拍胸舞是闽南地区的传统民间舞蹈，舞者在表演的时候头戴草圈，赤裸上身，跳着各种有趣的舞蹈动作，有拍手掌的动作，有拍胸的动作，是一种诙谐有趣的舞蹈。

2. 欣赏表现拍胸舞的撕纸作品。

引导语：闽南的小朋友都特别喜欢拍胸舞，今天老师带来了他们的作品，我们一起来看一看这些作品是怎么制作出来的。

小结：这些作品是用撕贴的方法表现拍胸舞舞者。

3. 介绍材料，引入主题。

引导语：今天老师要请小朋友们一起来制作有关拍胸舞的美术作品，看看老师带来了哪些材料？

小结：有彩纸、油画棒、固体胶等。

4. 幼儿创作，教师指导。

（1）提出要求：①请用撕纸、贴纸、折纸的方法表现拍胸舞夸张的动作。②请给拍胸舞舞者添画上夸张有趣的表情。③把剩余的废纸放在框子中。

（2）幼儿创作，教师指导。

5. 展示作品，交流分享。

引导语：先做好的小朋友可以把作品粘贴到戏台上，还可以学一学其他小朋友制作的拍胸舞舞者是怎么跳舞的，和旁边的小朋友说说你制作的拍胸舞舞者跳的是哪个舞蹈动作。

案例二：热闹踩街（剪贴画）

（一）活动目标

1. 欣赏、感受拍胸舞的形态美。
2. 尝试运用剪、贴、画等多种方式表现拍胸舞踩街时的热闹场景。

（二）活动准备

1. 经验准备：幼儿对拍胸舞已有初步的了解。
2. 物质准备：剪刀、固体胶、勾线笔、画纸、炫彩棒、照相机等，拍胸舞踩街视频、伴奏音乐等。

（三）活动过程

1. 律动入场，激发兴趣。

（1）幼儿随乐律动。

引导语：我们准备拍照喽，请在音乐停止的时候，做出你喜欢的拍胸舞舞蹈姿势，老师要把它拍下来。

（2）欣赏幼儿的各种造型。

引导语：哇，小朋友们刚才摆的造型真的是太棒了，老师已经帮你们拍下来了，我们一起来看看有哪些舞蹈动作。（教师展示现场拍摄的照片，引导幼儿观察照片中的舞蹈动作是否正确）

提问：在跳拍胸舞的时候，你感觉如何？你知道在什么时候会跳拍胸舞吗？

小结：拍胸舞是一种喜庆的舞蹈，大到政府举办的各种重大文化活动、大型文艺踩街活动，小到各部门单位的集会庆典、乡村民间的迎神赛会，以至普通百姓家的婚丧嫁娶，随处可见拍胸舞的身影。它是最具有代表性的一种传统民间舞蹈呢！

2. 观看视频，了解踩街活动。

（1）观看视频，了解踩街场景。

引导语：今天老师带来了一段视频，我们一起来欣赏。

提问：视频里的人们在哪里？他们在干什么？

小结：人们在跳拍胸舞，但不是在舞台上跳，而是在大街上，在人很多的地方跳，这叫作踩街。

（2）深入了解踩街的形式与意义。

引导语：你看到了什么？

小结：在视频中有表演拍胸舞的人，街道两旁还有很多围观的群众，他们在庆祝节日。街边挂了些灯笼和旗子，观众们在街道的两旁欣赏着节目并为表演的人们鼓掌，而街道的正中央就是舞台，正在表演拍胸舞呢！大家都很开心。

3. 幼儿创作，体验乐趣。

（1）介绍材料及做法。

引导语：老师想请你们把这热闹的场景记录下来，我给大家准备了剪刀、画纸、勾线笔、炫彩棒、固体胶等材料。

（2）小组商议。

提问：可以用什么形式或者材料表现出热闹的场景？

小结：可以用喜庆的颜色来绘画，还可以画些喜庆的装饰物品，比如灯笼、彩带、烟花等，还有最重要的一点就是别忘了画人们脸上开心的表情哟！

（3）提出要求：①画出舞者后剪下来。②用辅助物让拍胸舞舞者"站"起来。③最后将街道装扮得喜庆、热闹。

（4）幼儿自由创作，教师巡回指导。

提醒幼儿注意拍胸舞舞者头的位置、手的方向、身体的方位，重点指导幼儿将舞者按照舞蹈动作的先后顺序进行排列。

4. 互相分享，表达感受。

（1）引导幼儿将制作好的踩街场景放到展区。

（2）幼儿分享作品，引导幼儿说说最喜欢哪一个踩街场景。

（3）幼儿随乐舞蹈，活动自然结束。

案例三：拍胸舞表情包（手工）

（一）活动目标

1. 尝试用团圆、搓长等技法制作舞者五官，用拧、卷等技法制作拍胸舞的草箍。
2. 喜欢手工活动并感受其中的乐趣。

（二）活动准备

1. 经验准备：幼儿有一定的手工活动经验，对拍胸舞有一定的了解。
2. 物质准备：马勺、超轻泥、红布条、草绳、拍胸舞照片等。

（三）活动过程

1. 以拍胸舞照片导入，激发兴趣。

引导语：这些人在跳拍胸舞的时候心情是怎样的？

小结：舞者的面部表情诙谐有趣，配合舞蹈营造出欢乐的气氛。

2. 引导幼儿讨论制作方案。

引导语：拍胸舞舞者头上戴的是什么呢？

小结：拍胸舞舞者头上都戴着一个形制特殊的草箍。草箍的制作是将一条红布条与稻草混合编织成一个长条，再将长条围成一个草圈，并在接头前留出10～20厘米长的一段，向上翘起，就像是蛇头一样。

3. 幼儿制作，体验乐趣。

（1）介绍材料。

引导语：今天我们要来表现拍胸舞舞者有趣的表情，我给大家准备了马勺、超轻泥、红布条、草绳等材料。

（2）提出要求：①用马勺、超轻泥制作出拍胸舞舞者诙谐有趣的脸，用红布条、草绳制作草箍。②保持作品的整洁，并将剩余的材料放回框子中。

（3）幼儿自由创作，教师巡回指导。

4. 分享交流，自然结束。

引导语：请大家说一说，你喜欢哪一个小朋友的作品？为什么？

五、主题活动小结

本主题活动多方位多角度地让幼儿用艺术的形式展现拍胸舞：以撕贴画的形式表现拍胸舞夸张的动作，用剪贴画的形式表现拍胸舞踩街的热闹场景，用马勺和超轻泥制作拍胸舞舞者趣味诙谐的脸部表情。活动激发了幼儿爱家乡爱祖国的情感和创作欲望，有助于闽南优秀传统文化的传播。

六、资料链接

拍胸舞又称"打七响""打花绰""乞丐舞"等，是福建省最有代表性的民间舞蹈之一，是古代闽越族舞蹈之遗存，于2006年列入首批国家级非物质文化遗产名录。拍胸舞原本无音乐伴奏，强调以身体拍击出声响节奏，一方面体现舞蹈本身的律动特色，一方面也用来协调群体动作，渲染舞蹈气氛。它较好地保留了远古闽越舞蹈粗犷、古朴的民族舞蹈遗风。舞者头上戴着一个形制特殊的草箍，草箍接头前留出一段，犹如蛇之吐芯，而蛇正是古代闽越族的图腾崇拜物。

（活动设计：庄怡颖）